Rolf Speidel ● Die besten Diagonal-Systeme für EuroMillions und EuroJackpot

Markenschutz

Haftungsausschluss

Das Datenmaterial in diesem Buch ist nach bestem Wissen und Gewissen angefertigt worden. Dennoch können Druckfehler und Irrtümer nicht völlig ausgeschlossen werden. Deswegen können Verlag und Autor weder eine juristische Verantwortung noch irgendeine andere Haftung für Versehen oder deren Folgen übernehmen.

Hinweise zur Glücksspielsucht

Ich mache darauf aufmerksam, dass ich keine Aufforderung zur Teilnahme an Glücksspielen abgebe! Ich informiere nur über Systeme und Spieltechniken. Von ruinösen Spielweisen rate ich ab. Beachten Sie den folgenden Rat: *„Lassen Sie das Spielen nicht zur Sucht werden"*! Ausführliche Informationen zur Glücksspielsucht finden Sie auf der letzten Seite.

Upgrade-Berechtigung auf das Komplettwerk

Von den Diagonalsystemen gibt es eine Komplettausgabe, in der auch die Systeme für 33 bis 50 Zahlen enthalten sind. Dieses Werk ist Buchhandel nicht erhältlich. Aus Kulanzgründen können Buchkäufer oder Besitzer dieser Taschenbuch-Ausgabe das Komplettwerk bei uns zum Differenzbetrag erwerben, sozusagen als Upgrade. Welche Möglichkeiten es dabei gibt, ist auf der Seite 98 beschrieben.

Upgrade-Berechtigung auf die Individualausgabe

In Planung für das Jahr 2025 ist ein neues Diagonalsysteme-Buch, in dem alle Tippreihen bereits auf persönliche Wahlzahlen umgestellt sind. Der große Vorteil ist, dass die Tippreihen abgeschrieben und auf Tippscheine übertragen werden, denn jedes Buch wird individuell angefertigt und ist somit ein Unikat. Der Buchkäufer teilt bei seiner Bestellung nur die Reihenfolge seiner persönlichen Wahlzahlen mit, die dann für die Umstellung aller Systeme verwendet werden. Alternativ kann die Zahlenreihenfolge auch per Zufallsgenerator erfolgen.

Käufer bzw. Besitzer dieses Taschenbuches bekommen einen Preisvorteil und können die geplante Individualausgabe entweder als gedrucktes Buch oder als PDF erwerben. Einzelheiten zum genauen Ablauf werden nach Fertigstellung im Wettsysteme-Shop bekanntgegeben.

Die besten Diagonal-Systeme für EuroMillions und EuroJackpot

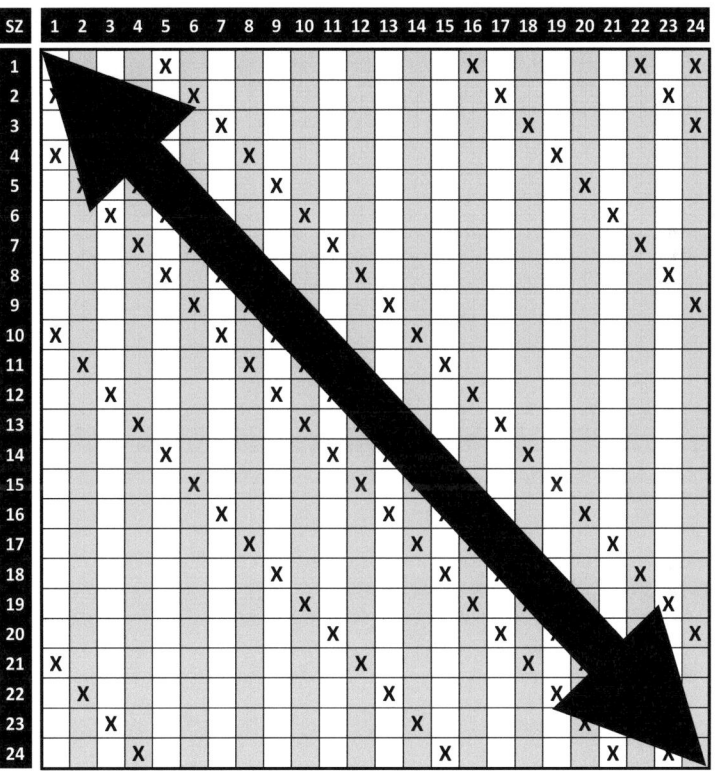

Mit Minimal-Einsätzen 6 bis 32 Zahlen optimal abdecken!

27 Systeme in Fünferreihen

Bibliographische Information der Deutschen Nationalbibliothek:
Die Deutsche Nationalbibliothek verzeichnet diese Publikation in der
Deutschen Nationalbibliographie; detaillierte bibliographische Daten sind im
Internet über http://dnb.n-db.de abrufbar.

Verlag Rolf Speidel
Fachverlag für Wettsysteme
Schafbergstr. 12
D-72336 Balingen

Tel. +49 1577 2038406
E-Mail: rs@wettsysteme.shop
www.wettsysteme.shop

Verlag: BoD - Books on Demand GmbH, In de Tarpen 42, 22848 Norderstedt
Druck: Libri Plureos GmbH, Friedensallee 273, 22763 Hamburg

Zweite überarbeitete Auflage

ISBN 978-3-7583-6523-2

Inhaltsverzeichnis

System-Übersicht

System-Übersicht

- Fortsetzung -

Nr.	Systemname	Systemgröße / Reihenbedarf	Kapitel 4 Systeme Seite	Kapitel 5 Garantie-Tabellen Seite
11	„DS 16/16/5"	16 Zahlen in 16 Fünferreihen	33	65
12	„DS 17/17/5"	17 Zahlen in 17 Fünferreihen	33	66
13	„DS 18/18/5"	18 Zahlen in 18 Fünferreihen	34	67
14	„DS 19/19/5"	19 Zahlen in 19 Fünferreihen	35	68
15	„DS 20/20/5"	20 Zahlen in 20 Fünferreihen	36	69
16	„DS 21/21/5"	21 Zahlen in 21 Fünferreihen	37	70
17	„DS 22/22/5"	22 Zahlen in 22 Fünferreihen	38	71
18	„DS 23/23/5"	23 Zahlen in 23 Fünferreihen	39	72
19	„DS 24/24/5"	24 Zahlen in 24 Fünferreihen	40	73
20	„DS 25/25/5"	25 Zahlen in 25 Fünferreihen	41	74
21	„DS 26/26/5"	26 Zahlen in 26 Fünferreihen	42	75
22	„DS 27/27/5"	27 Zahlen in 27 Fünferreihen	43	76
23	„DS 28/28/5"	28 Zahlen in 28 Fünferreihen	44	77
24	„DS 29/29/5"	29 Zahlen in 29 Fünferreihen	45	78
25	„DS 30/30/5"	30 Zahlen in 30 Fünferreihen	46	79
26	„DS 31/31/5"	31 Zahlen in 31 Fünferreihen	47	80
27	„DS 32/32/5"	32 Zahlen in 32 Fünferreihen	48	81

Anhang

Vorwort

„EuroMillions" wurde im Jahr 2004 von Spanien, Frankreich und Großbritannien als europäische Gemeinschaftslotterie eingeführt. Bei dieser Lotterie finden zwei Ziehungen statt, die eng miteinander verbunden werden. Zunächst werden aus einem Pool mit 50 Zahlen fünf Gewinnzahlen gezogen. Anschließend werden aus einem zweiten Zahlenpool zwei von zwölf sogenannten *„Sternzahlen"* gezogen. Vorbild für EuroMillions waren die US-Lotterien *„Powerball"* und *„Mega Millions"*. Beim Powerball werden 5 aus 69 Zahlen sowie der sogenannte *„Powerball"* aus weiteren 26 Zahlen gezogen. Bei Mega Millions sind es 5 aus 70 Zahlen sowie der *„Mega Ball"* aus weiteren 25 Zahlen (Stand: August 2024).

Aufgrund der hohen Jackpots bei EuroMillions (zurzeit mindestens 17 Millionen Euro, maximal 250 Millionen Euro) fanden bald auch andere Länder Interesse an dieser neuen Lotterie und so kamen im Laufe der Zeit Österreich, Belgien, Irland, Liechtenstein, Luxemburg, Portugal und die Schweiz hinzu. Die Gewinnzahlen werden jeweils dienstags und am freitags in Paris gezogen.

„EuroJackpot" ist die im März 2012 von den Ländern Finnland, Dänemark (einschließlich Grönland und Färöer), Estland, Niederlande, Slowenien und Deutschland eingeführte Konkurrenzlotterie zu EuroMillions. Etwas später folgten Italien und Spanien. Inzwischen sind 18 Länder mit dabei, denn im Lauf der Jahre traten Norwegen, Schweden, Island, Lettland, Litauen, Polen, Slowakei, Tschechien, Ungarn und Kroatien bei. Die Spielformel ist inzwischen gleich wie bei EuroMillions, also *„5aus50"* und zwei aus zwölf sogenannten *„Eurozahlen"*. Der Mindestjackpot ist mit 10 Millionen Euro ausgestattet, der Maximalgewinn auf 120 Millionen Euro begrenzt. Die Gewinnzahlen für EuroJackpot werden jeden Dienstag- und Freitagabend in Helsinki gezogen.

Durch den Zusammenschluss vieler Länder ergibt sich ein hohes Spielaufkommen und es entstehen oft sehr hohe Jackpots. Außerdem gibt es viele Gewinnränge (13 bei EuroMillions, 12 bei EuroJackpot). Dadurch ist es leichter einen Treffer zu erreichen als im Deutschen Lotto. Das sind attraktive Anreize zum Mitspielen. Ein Wehrmutstropfen ist allerdings der Preis für eine Tippreihe. Mit 2 Euro ist der Einsatz um einiges höher als die derzeitigen 1,20 Euro im deutschen Lotto, bei EuroMillions ist der Einsatz für eine Tippreihe sogar 2,50 Euro.

Auf der Suche nach bezahlbaren Systemen ist man mit den Diagonalsystemen an der richtigen Adresse. Diese Systemart ist optimal geeignet, wenn man mit wenigen Tippreihen auch größere Zahlenbereiche harmonisch abdecken möchte. Den Begriff *„Diagonalsysteme"* habe ich im Jahr 2009 geschaffen und durch mein Buch *„Die besten Diagonal-Systeme für Lotto und Keno"* der Allgemeinheit bekannt gemacht. Die Konstruktionstechnik an sich ist zwar kinderleicht und vielen Systemtüftlern schon lange bekannt, neu ist jedoch, dass ich für jeden einzelnen Zahlenbereich das jeweils bestmögliche Diagonalsystem ermittelt habe.

Normalerweise lassen sich Systementwickler nicht in ihre Karten schauen und hüten peinlich genau ihr Wissen, wie sie ihre Systeme konstruiert haben. Da es die unterschiedlichsten Anforderungen gibt, was ein System leisten soll, so gibt es auch viele verschiedene Verfahren, um Systeme zu entwickeln. Wie schwierig es zu erkennen ist, nach welchem Prinzip ein System entwickelt worden ist, das wird im Kapitel 1 aufgezeigt. Im Kapitel 2 wird erklärt, wie Diagonalsysteme aufgebaut werden und wie wichtig dabei die *„Startreihe"* ist. Diagonalsysteme zeichnen sich durch eine vollkommen harmonische Struktur aus. Jede Systemzahl kommt gleich oft vor. Das ist ein Indiz für die optimale Abdeckung eines Zahlenbereichs.

Im Kapitel 3 wird zunächst aufgezeigt, wie man Systeme richtig anwendet, also wie man anhand des Abwicklungsschemas und der Systemzahlen-Austauschtabelle seine persönlichen Tippreihen erstellen kann. Danach sind alle Systeme sowohl mit dem Abwicklungsschema als auch in der nummerisch sortierten Darstellung abgebildet.

Wenn Sie im Kapitel 4 die Garantietabellen studieren, schauen Sie mal auf die Nebentreffer, die Sie im Falle des Höchstgewinnes erhalten. Bei den Systemen von 23 bis 32 Zahlen erhalten Sie im Gewinnfalle des Fünfers ohne richtige Stern- bzw. Eurozahl keinen einzigen Nebentreffer! Es gibt *„nur"* den Fünfer sonst nichts! Das ist keineswegs ein Nachteil, denn diese Gegebenheit spricht nicht nur für eine perfekte, weitmaschige Konstruktionstechnik, sondern auch für absolute Effektivität! Es gilt das Motto

„Wenn man den Volltreffer getroffen hat, braucht man keine Nebentreffer mehr"!

Bei der Anwendung von Diagonalsystemen kann man als Spieler sicher sein, dass man sein Spielkapital wirtschaftlich und so effektiv wie möglich eingesetzt hat.

Es gibt viele Spieler, die gerne noch größere Zahlenbereiche als 32 Zahlen spielen wollen. Für diese Spieler bietet es sich an, sich die Komplettausgabe mit allen Diagonalsystemen von 6 bis 50 Zahlen zu besorgen. Dieses Buch ist nicht im Buchhandel erhältlich. Das Werk ist im DIN A4-Format mit der lesefreundlichen Spiralbindung ausgestattet. Der Inhalt ist exakt derselbe wie in diesem Taschenbuch, allerdings erweitert um die optimalen Diagonalsysteme für 33 bis 50 Zahlen. Falls Sie als Besitzer des Taschenbuches lieber das Komplettwerk haben möchten, können Sie zum Differenzbetrag *„upgraden"*, so dass Ihre Investition nicht vergebens war.

Im Anhang gebe ich einen Überblick über weitere, sehr interessante Systembücher, die sich in meinem Sortiment für Lotto, Auswahlwette und Keno befinden. Weiterhin finden Sie ein paar Seiten mit persönlichen Informationen über mich und meinen Werdegang.

Ich wünsche Ihnen viel Erfolg!

PS: Das Kopieren der Systeme zum Zweck der persönlichen Tipperstellung, auch im Rahmen einer privaten Tippgemeinschaft, erlaube ich ausdrücklich!

Die Entschlüsselung

Wie schwierig herauszufinden ist, nach welchem Prinzip ein System entwickelt worden ist, das möchte ich in diesem Kapitel deutlich machen. Nur selten werden Systeme publiziert, bei denen die Systemreihen genau in der Reihenfolge abgebildet sind, in der sie sich aufgrund der Konstruktion ergeben haben. In fast allen Fällen werden die Reihen nummerisch aufsteigend sortiert dargestellt, das hat sich eingebürgert und ist somit Standard.

Ein Rückschluss, wie das System konstruiert wurde, lässt sich nach einer Sortierung nicht mehr erkennen. Als Beispiel nehmen wir das System **„DS 15/15/5"** - 15 Zahlen in 15 Fünferreihen:

„DS 15/15/5" – numm. aufsteigend sortiert

	1	2	3	4	5	6	7	8	9	10	11	12	13	14	15
1.	1	1	1	1	1	2	2	2	2	3	3	3	4	4	5
2.	2	3	4	5	6	3	5	6	7	4	6	7	7	8	9
3.	4	8	5	8	10	5	6	9	11	6	7	10	8	11	12
4.	9	12	7	9	13	10	8	10	14	11	9	11	10	12	13
5.	13	15	12	11	14	14	13	12	15	15	14	13	15	14	15

Das Betrachten dieser Tippreihen bringt keinerlei Erkenntnisse. Was soll man da herausfinden? Aber vielleicht kommt man dem Geheimnis auf die Spur, wenn man das System optisch darstellt? Dazu übertragen wir die Systemreihen in ein Abwicklungsschema. Weil es 15 Systemzahlen und 15 Tippreihen gibt, kann man leicht verwirrt werden. Deswegen bezeichnen wir die Tippreihen, die senkrecht dargestellt sind, zusätzlich mit den Buchstaben A bis O.

„DS 15/15/5" – sortierte Reihenfolge

SZ	1	2	3	4	5	6	7	8	9	10	11	12	13	14	15
1	X	X	X	X	X										
2	X					X	X	X	X						
3		X				X				X	X	X			
4	X		X							X			X	X	
5		X	X		X	X									X
6			X		X	X		X	X						
7		X					X		X	X	X				
8	X		X		X								X	X	
9	X		X				X			X					X
10			X	X	X						X	X			
11		X				X	X		X		X				
12		X	X			X							X	X	
13	X			X	X					X					X
14			X	X		X		X			X				
15		X					X	X			X			X	
	A	B	C	D	E	F	G	H	I	J	K	L	M	N	O

In einem Abwicklungsschema werden die Tippreihen mit Kreuzchen dargestellt. Was fällt uns auf? Zunächst einmal gar nichts. Wenn wir das Schema waagerecht, also Zeile für Zeile betrachten, haben wir immer noch keine Idee. Doch wenn wir senkrecht schauen, bemerken wir, dass sich manche Tipps irgendwie ähneln. Gleich im ersten Tipp (Spalte „A") befindet sich ein Zahlenpaar an Position 1+2. In der sechsten Tippreihe (Spalte „F") finden wir ein weiteres Zahlenpaar, diesmal an Position 2+3 und in der zehnten Tippreihe (Spalte „J") finden wir ein weiteres Paar an Position 3+4. Es gibt zwar noch weitere Paare, doch bei diesen drei Tipps fällt uns auf, dass auch die restlichen Kreuzchen dieser Tipps dieselben Abstände haben. Das wollen wir nun untersuchen.

Zur Unterstützung unserer Forschung erstellen wir deshalb ein leeres Abwicklungsschema (Tabelle rechts) und übertragen diese drei Tippreihen dort hinein. Und siehe da, es fällt sofort auf, dass schräge Linien zutage kommen!

„DS 15/15/5" – sortierte Reihenfolge   *„DS 15/15/5"* – in Konstruktions-Reihenfolge

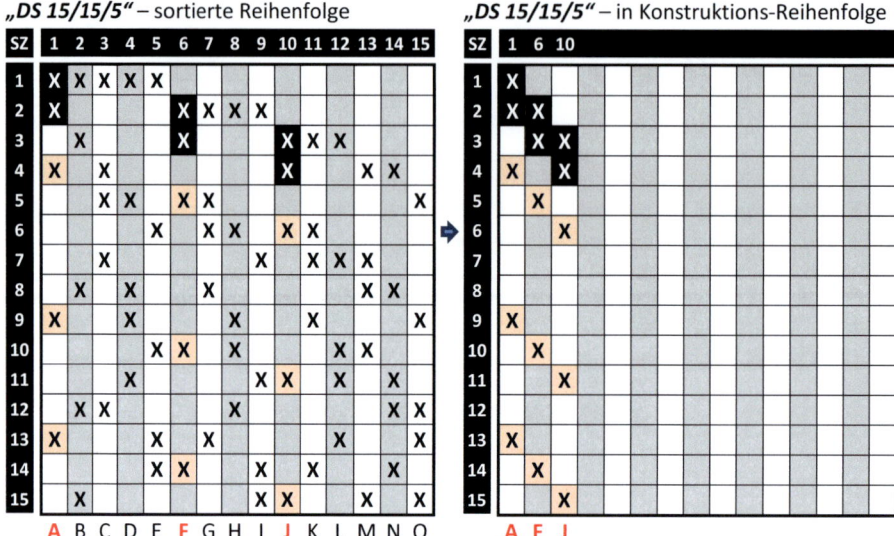

Die Vermutung liegt nahe, dass es mit den Linien so weitergeht, deshalb suchen wir gezielt nach dem nächsten Tipp mit dem Zahlenpaar 4+5.

„DS 15/15/5" – sortierte Reihenfolge   *„DS 15/15/5"* – in Konstruktions-Reihenfolge

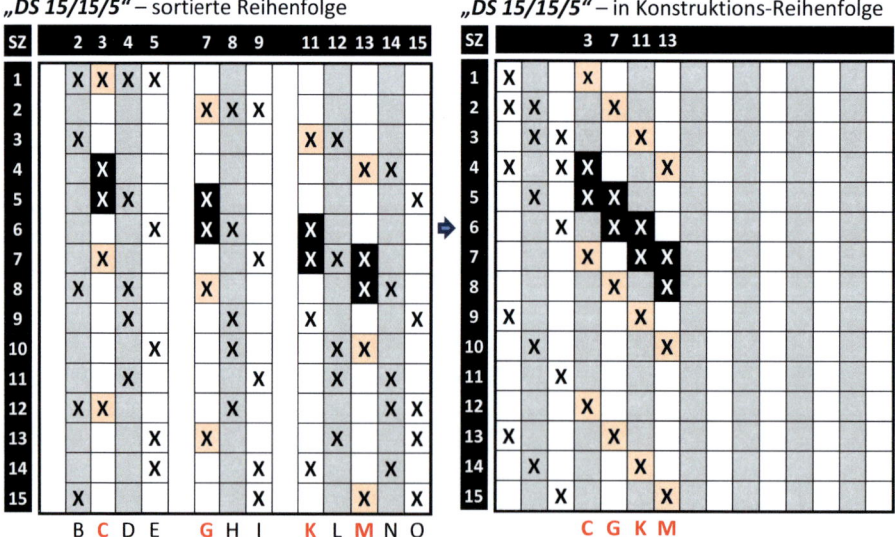

Tatsächlich befindet sich das vermutete Zahlenpaar in der dritten Spalte „C". Weiter entdecken wir, dass sich in den Spalten 7 („G"), 11 („K") und 13 („M") die nachfolgenden Zahlenpaare 5+6, 6+7, 7+8 befinden. Also übertragen wir nacheinander auch diese vier Tippreihen.

Unsere These von durchgängigen Linien wird voll bestätigt. Also suchen wir als nächstes nach dem Tipp mit dem Zahlenpaar 8+9 und finden es in der vierten Tippreihe (Spalte „D"). Wir übertragen es in unser Schema. Die folgenden Zahlenpaare 9+10, 10+11, 11+12 und 12+13 finden wir in den Spalten 8 („H"), 12 („L"), 14 („N") und 15 („O") und übertragen sie ebenfalls.

„DS 15/15/5" – sortierte Reihenfolge   **„DS 15/15/5"** – in Konstruktions-Reihenfolge

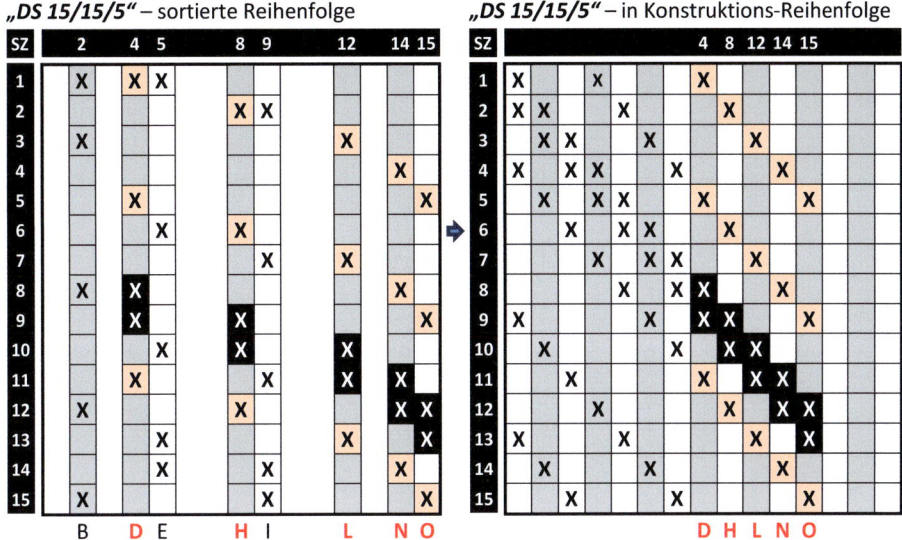

Jetzt fehlen nur noch drei Tippreihen. Ob wir auch hier Glück haben? Es handelt sich um die Zahlenpaare 13+14, 14+15 und? 15+16 kann es nicht sein, denn es sind ja nur 15 Zahlen.

„DS 15/15/5" – sortierte Reihenfolge   **„DS 15/15/5"** – in Konstruktions-Reihenfolge

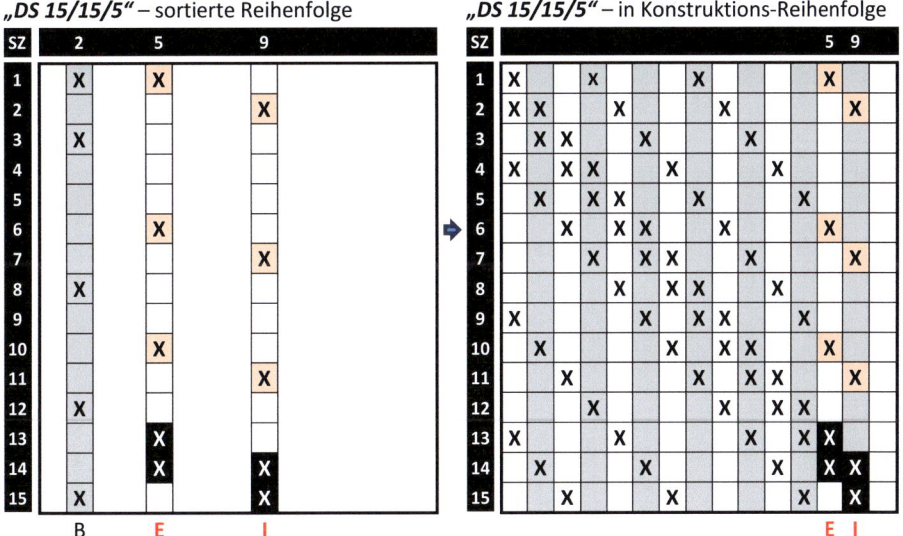

Super, jetzt ist es fast geschafft!

Es bleibt nur die Tippreihe „B" (Spalte 2) übrig. Das ist der einzige Tipp, in dem sich kein Zahlenpaar befindet. Aber egal, es gibt ja keinen anderen Platz, um die letzte Reihe einzufügen.

„DS 15/15/5" – sortierte Reihenfolge

SZ	2
1	X
2	
3	X
4	
5	
6	
7	
8	X
9	
10	
11	
12	X
13	
14	
15	X

B

„DS 15/15/5" – in Konstruktions-Reihenfolge

SZ															2
1	X		X										X		X
2	X	X			X				X						X
3		X	X			X				X					X
4	X		X	X			X				X				
5		X		X	X			X				X			
6			X		X	X			X				X		
7				X		X	X			X				X	
8					X		X	X			X				X
9	X					X		X	X			X			
10		X					X		X	X			X		
11			X					X		X	X			X	
12				X					X		X	X			X
13	X				X					X		X	X		
14		X				X					X		X	X	
15			X				X					X		X	X

B

Unsere Frage nach dem fehlenden Zahlenpaar ist damit auch gelöst, es handelt sich um das Paar 15+1: Da es die Zahl 16 in diesem System nicht geben konnte, wurde einfach am oberen Rand mit der Zahl 1 fortgefahren – fertig!

Das System vor der Entschlüsselung
„DS 15/15/5" – sortierte Reihenfolge

Das System nach der Entschlüsselung
„DS 15/15/5" – in Konstruktions-Reihenfolge

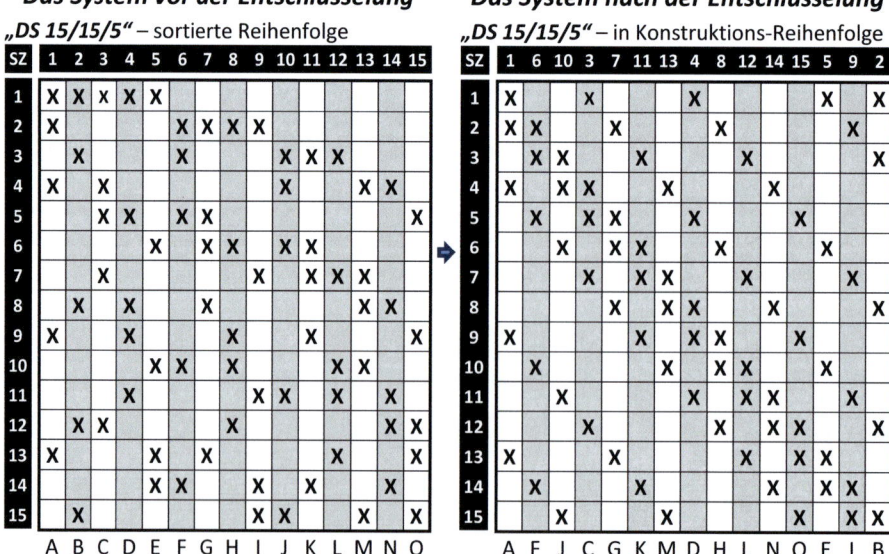

Wie man sieht, ist aus dem wirren Durcheinander eine harmonische Systemabwicklung mit lauter schräg verlaufenden Linien entstanden: ein **„Diagonalsystem"**!

Die Startreihe

Wie wir eben im Kapitel 1 entdeckt haben, entstehen die Systemreihen in einem Diagonalsystem dadurch, dass in einem Abwicklungsschema die jeweils vorhergehende Zahlenkombination einfach um eine Position tiefer gesetzt wird. Da dadurch alle Systemreihen dieselben Abstände von einer Zahl zur anderen beibehalten, entstehen diagonale, von oben nach unten gleichmäßig verlaufenden Linien.

Diagonalsysteme sehen nicht nur harmonisch aus, sie sind es auch, denn durch das konstante Versetzen wird eine perfekte Gleichverteilung erreicht: Jede Zahl kommt gleich oft vor. Der Einsatz ist günstig, denn es ergeben sich immer nur genauso viele Systemreihen wie Systemzahlen vorhanden sind, also z.B. 15 Zahlen in 15 Reihen, 24 Zahlen in 24 Reihen bis hin zu 32 Zahlen in 32 Reihen. Diagonalsysteme sind zwar klein, aber oho!

Die wichtigste Voraussetzung für ein optimales Diagonalsystem ist die Qualität der so genannten *„Startreihe"*, also der Reihe, die als erste eingesetzt wird und von der dann alle anderen Systemreihen abgeleitet werden!

Auf den ersten Blick betrachtet könnte man meinen, jede x-beliebige Zahlenkombination wäre gleichermaßen gut als Startreihe geeignet. Doch das ist ein gewaltiger Trugschluss, wenn man anstrebt, die optimale, also die weitreichendste Abdeckung aller möglichen Kombinationsmöglichkeiten zu bekommen. Warum das so ist, werde ich anhand eines Vergleichs mit dem Diagonalsystem für 15 Zahlen veranschaulichen.

Es gibt insgesamt 201 verschiedene Startreihen, mit denen man ein Diagonalsystem für 15 Zahlen erstellen kann. Hiervon erreichen aber nur acht die optimale Abdeckung. Optimal ist, wenn in allen bzw. den meisten Garantiestufen die höchste prozentuale Trefferchance erreicht wird. Von den acht optimalen Startreihen habe ich mich für die Startreihe 1,2,4,9,13 entschieden.

Auf den nächsten Seiten wird dargestellt, wie das 15er-Diagonalsystem mit der optimalen Startreihe Schritt für Schritt entsteht.

↓ Startreihe: 1 ,2,4,9,13

WZ	SZ	1	2	3	4	5	6	7	8	9	10	11	12	13	14	15
→	1	X														
	2		X													
	3			X												
	4				X											
	5					X										
	6						X									
	7							X								
	8								X							
	9									X						
	10										X					
	11											X				
	12												X			
	13													X		
	14														X	
	15															X

1. Zahl eintragen

Die erste Zahl der Startreihe ist die Zahl 1. Begonnen wird deshalb mit dem Eintragen eines Kreuzchens in der Zeile 1 in der Startspalte. Von hier aus werden die Folgekreuzchen eingetragen, indem sie in der nachfolgenden Spalte um eine Zeile tiefer versetzt werden. Das wird so lange gemacht, bis der rechte Rand erreicht wird. Eine perfekte Diagonale ist dadurch entstanden.

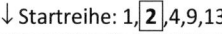

↓ Startreihe: 1, 2 ,4,9,13

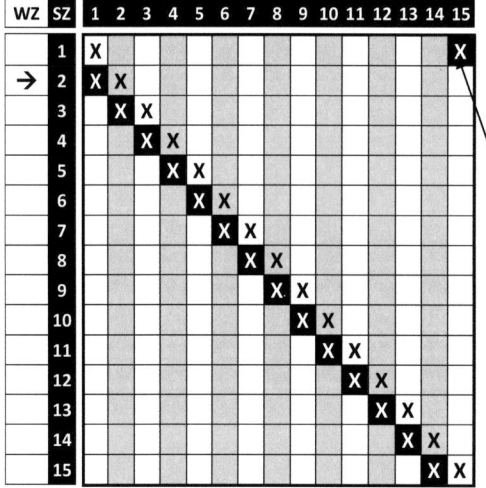

WZ	SZ	1	2	3	4	5	6	7	8	9	10	11	12	13	14	15
	1	X														X
→	2	X	X													
	3		X	X												
	4			X	X											
	5				X	X										
	6					X	X									
	7						X	X								
	8							X	X							
	9								X	X						
	10									X	X					
	11										X	X				
	12											X	X			
	13												X	X		
	14													X	X	
	15														X	X

2. Zahl eintragen

Die zweite Zahl der Startreihe ist die Zahl 2. Begonnen wird mit dem Eintrag eines Kreuzchens in der Zeile 2 der Startspalte eingetragen. Von hier werden die Folgekreuzchen eingetragen, bis in der Spalte 14 der Boden erreicht wird. Deshalb findet in der Spalte 15 der Umbruch statt, indem das Kreuzchen in die oberste Zeile eingesetzt wird.

↓ Startreihe: 1,2,[4],9,13

WZ / SZ	1	2	3	4	5	6	7	8	9	10	11	12	13	14	15
1	X												X		X
2	X	X												X	
3		X	X												X
→ 4	X			X	X										
5		X			X	X									
6			X			X	X								
7				X			X	X							
8					X			X	X						
9						X			X	X					
10							X			X	X				
11								X			X	X			
12									X			X	X		
13										X			X	X	
14											X			X	X
15												X			X

3. Zahl eintragen

Die dritte Zahl der Startreihe ist die Zahl 4. Begonnen wird mit dem Eintrag eines Kreuzchens in der Zeile 4 der Startspalte. Von hier werden die Folgekreuzchen eingetragen, bis in der Spalte 12 der Boden erreicht wird. Deshalb findet in der Spalte 13 der Umbruch statt, indem das Kreuzchen in die Zeile 1 eingesetzt wird. Von hier aus geht es wieder weiter, bis der rechte Rand in der Zeile 3 erreicht wird.

↓ Startreihe: 1,2,4,[9],13

WZ / SZ	1	2	3	4	5	6	7	8	9	10	11	12	13	14	15
1	X							X					X		X
2	X	X							X					X	
3		X	X						X						X
4	X			X	X				X						
5		X			X	X				X					
6			X			X	X				X				
7				X			X	X				X			
8					X			X	X						X
→ 9	X					X			X	X					
10		X					X			X	X				
11			X					X			X	X			
12				X					X			X	X		
13					X					X			X	X	
14						X					X			X	X
15							X					X			X

4. Zahl eintragen

Die vierte Zahl der Startreihe ist die Zahl 9. Begonnen wird mit dem Eintrag eines Kreuzchens in der Zeile der Startspalte. Von hier werden die Folgekreuzchen eingetragen, bis in der 7. Spalte der Boden erreicht wird. Deshalb findet in der Spalte 8 der Umbruch statt, indem das Kreuzchen in die Zeile 1 eingesetzt wird. Von hier aus geht es wieder weiter, bis der rechte Rand in der Zeile 8 erreicht wird.

↓ Startreihe: 1,2,4,9, 13

WZ	SZ	1	2	3	4	5	6	7	8	9	10	11	12	13	14	15
	1	X			X				X					X		X
	2	X	X			X				X					X	
	3		X	X			X				X					X
	4	X		X	X			X				X				
	5		X		X	X			X				X			
	6			X		X	X			X				X		
	7				X		X	X			X				X	
	8					X		X	X			X				X
	9	X					X		X	X			X			
	10		X					X		X	X			X		
	11			X					X		X	X			X	
	12				X					X		X	X			X
→	13	X				X					X		X	X		
	14		X				X					X		X	X	
	15			X				X					X		X	X

5. Zahl eintragen

Die fünfte Zahl der Startreihe ist die Zahl 13. Begonnen wird mit dem Eintrag eines Kreuzchens in der Zeile 13 der Startspalte. Von hier werden die Folgekreuzchen eingetragen, bis in der Spalte 3 der Boden erreicht wird. Deshalb findet in der Spalte 4 der Umbruch statt, indem das Kreuzchen in die oberste Zeile eingesetzt wird. Von hier aus geht es wieder weiter, bis der rechte Rand in der Zeile 12 erreicht wird.

↓ Startreihe: 1,2,4,9,13

WZ	SZ	1	2	3	4	5	6	7	8	9	10	11	12	13	14	15
	1	X			X				X					X		X
	2	X	X			X				X					X	
	3		X	X			X				X					X
	4	X		X	X			X				X				
	5		X		X	X			X				X			
	6			X		X	X			X				X		
	7				X		X	X			X				X	
	8					X		X	X			X				X
	9	X					X		X	X			X			
	10		X					X		X	X			X		
	11			X					X		X	X			X	
	12				X					X		X	X			X
	13	X				X					X		X	X		
	14		X				X					X		X	X	
	15			X				X					X		X	X

Fertig!

Die Startreihe, das entscheidende Kriterium!

Das entscheidende Kriterium für die bestmögliche Abdeckung ist die Qualität der Startreihe. Deutlich macht dies besonders eine Gegenüberstellung der optimalen Startreihe mit der schlechtesten Startreihe. Als Beispiel nehmen wir wiederum das 15er-Diagonalsystem:

↓ Startreihe: 1,2,4,9,13

WZ \ SZ	1	2	3	4	5	6	7	8	9	10	11	12	13	14	15
1	X	X		X					X				X		
2	X		X					X				X			X
3		X					X				X			X	X
4	X					X				X			X	X	
5					X				X			X	X		X
6				X				X			X	X		X	
7			X				X			X	X		X		
8		X				X			X	X		X			
9	X				X			X	X		X				
10				X			X	X		X					X
11			X			X	X		X					X	
12		X			X	X		X					X		
13	X			X	X		X					X			
14			X	X		X					X				X
15		X	X		X					X				X	

Die optimale Startreihe

Beim 15er-Diagonalsystem gibt es – wie bereits vorhin erläutert - insgesamt 201 verschiedene Startreihen, aber nur acht davon bieten die Optimal-Abdeckung, bei der in allen Garantiestufen die meisten Fälle für EuroMillions und EuroJackpot abgedeckt werden. Von diesen acht Reihen wurde 1,2,4,9,13 als Startreihe für dieses Buch ausgewählt.

↓ Startreihe: 1,4,7,10,13

WZ \ SZ	1	2	3	4	5	6	7	8	9	10	11	12	13	14	15
1	X			X			X			X			X		
2		X			X			X			X			X	
3			X			X			X			X			X
4	X			X			X			X			X		
5		X			X			X			X			X	
6			X			X			X			X			X
7	X			X			X			X			X		
8		X			X			X			X			X	
9			X			X			X			X			X
10	X			X			X			X			X		
11		X			X			X			X			X	
12			X			X			X			X			X
13	X			X			X			X			X		
14		X			X			X			X			X	
15			X			X			X			X			X

Es entstehen nur drei verschiedene Tippreihen!

Die schlechteste Startreihe

Hier ist das Diagonalsystem, wenn es mit der Startreihe 1,4,7,10,13 konstruiert wurde. Auf den ersten Blick sieht das wunderbar verteilt aus. Aber in Wirklichkeit handelt es sich um die schlechteste Abdeckung, die man mit einem Diagonalsystem erreichen kann. Das liegt daran, dass immer wieder dieselben Systemreihen entstehen. Es ergeben sich statt 15 nur drei verschiedene Tippreihen und jede dieser drei Tippreihen taucht fünfmal auf:

1,4,7,10,13 – blaue Spalten
2,5,8,11,14 – grüne Spalten
3,6,9,12,15 – orangene Spalten

Bei der Entwicklung von Systemen halte ich es für wichtig, dass Systeme einen harmonischen Aufbau haben und dabei die weitmöglichste Abdeckung gewährleisten. In der Kombinatorik gibt es nur wenige Idealfälle, einige davon werden von den Lotto-Gesellschaften im Zahlenlotto als so genannte VEW-Systeme angeboten. VEW-Systeme gibt es für EuroMillions und EuroJackpot nicht, nur Vollsysteme.

Die weitmöglichste Abdeckung wird von den meisten Systemspielern aus dem einfachen Grund angestrebt, weil es so am meisten Trefferwochen gibt. Das ist besonders wichtig für Tippgemeinschaften. Die Mitspieler werden leichter bei Laune gehalten, wenn Treffer gleichmäßig und permanent anfallen. Gibt es hingegen längere Phasen ohne Treffer, werden die Mitspieler ungeduldig und springen nach und nach ab.

Startreihen-Abdeckungsvergleich für das Diagonalsystem „DS 15/15/5"

Wie wir eben gesehen haben, ergeben sich bei der schlechtesten Startreihe 1,4,7,10,13 nur drei verschiedene Tippreihen. Es gibt aber auch Startreihen, die 15 verschiedene Tippreihen erzeugen und trotzdem ungünstig sind. Solche Startreihen beim 15-er-Diagonalsystem sind z.B. die Reihen 1,2,3,4,5 und 1,2,5,9,13 oder auch 1,3,5,7,9. Das wird deutlich, wenn wir jeweils die Garantiewerte berechnen und in einem Vergleich gegenüberstellen:

„DS 15/15/5" Garantie-Stufe	Optimale Startreihe 1,2,4,9,13	ungünstige Startreihe 1,2,3,4,5	schlechteste Startreihe 1,4,7,10,13
„1aus1"	15	15	15
„1aus2"	105	105	105
„1aus3"	455	455	455
„1aus4"	1.365	1.365	1.365
„1aus5"	3.003	3.003	3.003
„2aus2"	105	60	30
„2aus3"	455	455	330
„2aus4"	1.365	1.365	1.365
„2aus5"	3.003	3.003	3.003
„3aus3"	150	90	30
„3aus4"	1.200	750	315
„3aus5"	3.003	2.700	1.503
„4aus4"	75	60	15
„4aus5"	765	525	153
„5aus5"	15	15	3

Bei den Zahlenangaben handelt es sich um die Anzahl der Kombinationen,
die je Garantiestufe von den jeweiligen Systemen abgedeckt werden

Erläuterungen

Der Unterschied bzgl. der ungünstigen und schlechtesten Startreihe liegt darin, dass bei *„ungünstige"* lauter verschiedene Tippreihen gebildet werden, bei *„schlechteste"* hingegen entstehen viele gleiche Tippreihen.

Betrachten wir die Werte für die Garantiestufe *„3aus5"*. Hier geht man davon aus, dass mit der Zahlenauswahl erfreulicherweise alle fünf Gewinnzahlen getroffen werden. Weil es im Eurojackpot Fünferreihen gibt, entspricht die Anzahl der möglichen Kombinationen in diesem Fall zugleich der des Vollsystems. Bei 15 Systemzahlen gibt es 3.003 Kombinationsmöglichkeiten (15x14x13x12x11 : 5:4:3:2:1). Um die Garantie eines Systems zu ermitteln, wird nun jede einzelne der 3.003 Kombinationen mit allen 15 Tippreihen eines Systems verglichen. Wenn sich in mind. einer der Tippreihen drei oder mehr Gewinnzahlen befinden, dann ist das ein Trefferfall in der Garantiestufe „3aus5".

Wenn man das Diagonalsystem für 15 Zahlen spielt, das mit der optimalen Startreihe 1,2,4,9,13 konstruiert wurde, und man alle fünf Gewinnzahlen trifft, dann ist der Dreier als Mindesttreffer garantiert! Zu 100 %! Es ist hier also völlig egal, jede der 3.003 möglichen Kombinationen würde mindestens einen Dreier bringen.

Wenn man ein Diagonalsystem spielt, das aufgrund der ungünstigen Startreihe 1,2,3,4,5 konstruiert worden ist, dann liegt die *„3aus5"*-Garantie nur bei 90 %. Der Dreier oder höher wird von 2.700 der 3.003 Kombinationen getroffen. In den restlichen 303 Fällen werden demnach höchstens 2 Zahlen getroffen. Ganz gering ist die Abdeckung, wenn die Tippreihen mit der Startreihe 1,4,7,10,13 konstruiert worden sind. Die Trefferchance liegt hier nur noch bei 50 %, denn nur in 1.503 Fällen gibt es Dreier oder höher.

In diesem Kapitel wurde die Bedeutung der Startreihe deutlich gemacht. Diese Informationen sind nur für Systeminteressierte und Systemtüftler interessant. Für den normalen Spieler und Anwender der Systeme aus diesem Buch ist das Wissen über Konstruktion und Startreihen nicht relevant. Egal, ob man weiß oder nicht, was eine Startreihe ist und wie konstruiert wurde, der Besitzer dieses Buches kann sicher sein, dass er mit den bestmöglichen Diagonalsystemen auf Trefferjagd geht!

Startreihen-Abdeckungsvergleich für die Diagonalsysteme bis 32 Zahlen

Durch die nachfolgende Tabelle werden die Unterschiede bezüglich der Abdeckung bei der Garantiestufe *„3aus3"* deutlich. *„3aus3"* bedeutet, dass es den Dreier garantiert gibt, wenn man in seiner Zahlenauswahl drei Zahlen richtig hatte. Die für diesen Vergleich verwendeten Startreihen können sich von den Startreihen unterscheiden, die im Buch verwendet werden, weil diese alle 15 Garantiestufen und nicht nur die *„3aus3"*-Garantie berücksichtigen.

	Anzahl Kombi.	Anzahl Startr.	Opt. S.R.	Beste Abdeckung bei *„3aus3"*			Geringste Abdeckung bei *„3aus3"*		
				Startreihe	Anzahl	Prozent	Startreihe	Anzahl	Prozent
	A	B	C	D	E	F	G	H	I
6	6	1	1	1,2,3,4,5	20	100,00 %	1,2,3,4,5	20	100,00 %
7	21	3	3	1,2,3,5,6	35	100,00 %	1,2,3,4,5	35	100,00 %
8	56	7	2	1,2,3,4,6	56	100,00 %	1,2,3,4,5	48	85,71 %
9	126	14	3	1,2,4,6,7	75	89,28 %	1,2,3,4,5	54	64,28 %
10	252	26	8	1,2,4,5,7	90	75,00 %	1,3,5,7,9	20	16,67 %
11	462	42	2	1,2,3,5,8	110	66,67 %	1,2,3,4,5	66	36,36 %
12	792	66	4	1,2,4,9,10	120	54,55 %	1,3,5,7,9	40	18,18 %
13	1.287	99	12	1,2,4,9,11	130	45,45 %	1,2,3,4,5	78	27,27 %
14	2.002	143	2	1,2,5,7,9	140	38,46 %	1,2,3,4,5	84	23,07 %
15	3.003	201	8	1,2,4,9,13	150	32,97 %	1,4,7,10,13	30	6,59 %
16	4.368	273	8	1,2,4,6,10	160	28,57 %	1,2,3,4,5	96	17,14 %
17	6.188	364	16	1,2,3,5,13	170	25,00 %	1,2,3,4,5	102	15,00 %
18	8.568	476	6	1,2,3,7,10	180	22,06 %	1,4,7,10,13	60	7,35 %
19	11.628	612	18	1,2,3,7,10	190	19,61 %	1,2,3,4,5	114	11,76 %
20	15.504	776	8	1,2,3,6,15	200	17,54 %	1,5,9,13,17	40	3,51 %
21	20.349	969	2	1,2,5,15,17	210	15,79 %	1,4,7,10,13	105	7,89 %
22	26.334	1.197	10	1,2,4,8,13	220	14,28 %	1,2,3,4,5	132	8,57 %
23	33.649	1.463	22	1,2,4,9,15	230	12,98 %	1,2,3,4,5	138	7,79 %
24	42.504	1.771	8	1,2,4,10,21	240	11,85 %	1,5,9,13,17	80	3,95 %
25	53.130	2.126	20	1,2,4,8,13	250	10,87 %	1,6,11,16,21	50	2,17 %
26	65.780	2.530	12	1,2,4,11,22	260	10,00 %	1,3 5,7,9	156	6,00 %
27	80.730	3.046	18	1,2,4,8,13	270	9,23 %	1,2,3,4,5	162	5,53 %
28	98.280	3.510	16	1,2,4,9,13	280	8,54 %	1,5,9,13,17	140	4,27 %
29	118.755	4.153	28	1,2,4,10,26	290	7,93 %	1,2,3,4,5	174	4,76 %
30	142.506	4.751	8	1,2,4,10,27	300	7,39 %	1,7,13,19,25	60	1,47 %
31	169.911	5.481	30	1,2,4,13,27	310	6,90 %	1,2,3,4,5	186	4,13 %
32	201.376	6.293	16	1,2,4,13,26	320	6,45 %	1,2,3,4,5	192	3,87 %

Legende

A Vollvariation – Anzahl möglicher Kombinationen für diesen Bereich
B Anzahl möglicher Startreihen (mit der Zahl 1 beginnend)
C Anzahl der besten Startreihen
D Die Startreihe, die bei der *„3aus3"*-Garantie die höchste Abdeckung bringt
E Anzahl abgedeckter Kombinationen aufgrund des Diagonalsystem mit der optimalen Startreihe aus Spalte D
F Prozentuale Abdeckung durch die optimale Startreihe. Ist zugleich die Garantie der Garantiestufe *„3aus3"*
G Die Startreihe, mit der die geringste Abdeckung für den jeweiligen Zahlenbereich erreicht wird
H Anzahl abgedeckter Kombinationen aufgrund des Diagonalsystem mit der schlechtesten Startreihe lt. Spalte G
I Prozentuale Abdeckung der schlechtesten Startreihe. Ergibt die geringste *„3aus3"*-Garantie aller Startreihen

Wie ein System umgestellt wird

Die Systeme in diesem Buch sind sowohl mit dem Abwicklungsschema als auch in der nummerischen Form abgebildet. Für beide Darstellungsformen ist in diesem Kapitel beschrieben, wie man daraus seine persönlichen Tippreihen bilden kann. Aufgrund der Kreuzchen im Abwicklungsschema können die Tippreihen leicht Spalte für Spalte abgelesen werden. Dort, wo ein Kreuzchen steht, wird die linksstehende Zahl für die Tippreihe übernommen.

„DS 9/9/5" – Abwicklungsschema

WZ	SZ	1	2	3	4	5	6	7	8	9
	1	X			X	X		X		X
	2	X	X			X	X		X	
	3		X	X			X	X		X
	4	X		X	X			X	X	
	5		X		X	X			X	X
	6	X		X		X	X			X
	7	X	X		X		X	X		
	8		X	X		X		X	X	
	9			X	X		X		X	X

	1	2	3	4	5	6	7	8	9
1.	1	2	3	1	1	2	1	2	1
2.	2	3	4	5	2	3	3	4	3
3.	4	5	6	6	5	6	4	5	5
4.	6	8	8	7	6	7	7	8	6
5.	7	9	9	9	8	9	8	9	9

System in der Grundform

Alle Systeme im Buch werden in der Grundform abgebildet. Die Systemreihen ergeben sich durch das Ablesen der Zahlen aus der Spalte *„SZ"* = Systemzahlen. Bei der Grundform eines Systems beginnen die Systemzahlen standardmäßig immer mit der Zahl 1 und enden mit der Anzahl der Zahlen im jeweiligen System. Im System *„DS 9/9/5"* handelt es sich somit um die Systemzahlen 1 bis 9.

Beispielsweise befinden sich in der nebenstehenden Tabelle die Kreuzchen der ersten Spalte in den Zeilen 1,2,4,6,7. Das ist somit die erste Systemreihe. In der letzten Spalte sind die Kreuzchen in den Zeilen 1,3,5,6,9.

Bei den Diagonalsystemen ist die erste Systemreihe immer zugleich die Startreihe. Bei *„DS 9/9/5"* ist die Startreihe deshalb 1,2,4,6,7.

„DS 9/9/5" – Abwicklungsschema

WZ	SZ	1	2	3	4	5	6	7	8	9
1	1	X			X	X		X		X
8	2	X	X			X	X		X	
11	3		X	X			X	X		X
23	4	X		X	X			X	X	
24	5		X		X	X			X	X
35	6	X		X		X	X			X
42	7	X	X		X		X	X		
47	8		X	X		X		X	X	
50	9			X	X		X		X	X

	1	2	3	4	5	6	7	8	9
1.	1	8	11	1	1	8	1	8	1
2.	8	11	23	23	8	11	11	23	11
3.	23	24	35	24	24	35	23	24	24
4.	35	42	47	42	35	42	42	47	35
5.	42	47	50	50	47	50	47	50	50

System auf persönliche Wahlzahlen umstellen

Die Zahlen, mit denen man ein System tatsächlich spielen möchte, trägt man von oben nach unten in die Spalte *„WZ"* (= Wahlzahlen) ein.

Zum Beispiel soll das System *„DS 9/9/5"* mit den persönlichen Wahlzahlen 1, 8, 11, 23, 24, 35, 42, 47, 50 gespielt werden. Das wirkt sich wie folgt aus:

- Die Systemzahl 1 bleibt bestehen. Keine Änderung
- Die Systemzahl 2 wird durch die Wahlzahl 8 ausgetauscht
- Die Systemzahl 3 wird durch die Wahlzahl 11 ausgetauscht
- Die Systemzahl 4 wird durch die Wahlzahl 23 ausgetauscht
- Die Systemzahl 5 wird durch die Wahlzahl 24 ausgetauscht
- Die Systemzahl 6 wird durch die Wahlzahl 35 ausgetauscht
- Die Systemzahl 7 wird durch die Wahlzahl 42 ausgetauscht
- Die Systemzahl 8 wird durch die Wahlzahl 47 ausgetauscht
- Die Systemzahl 9 wird durch die Wahlzahl 50 ausgetauscht

Umstellung des Diagonalsystems für 24 Zahlen - Standard

Hier noch ein weiteres Beispiel. Wir wollen das Diagonalsystem *„DS 24-24-5"* spielen. Als persönliche Wahlzahlen suchen wir 1, 2, 3, 4, 6, 7, 9, 11, 12, 17, 20, 22, 24, 26, 27, 28, 29, 31, 34, 37, 42, 43, 47 und 50 aus. Die Bezeichnung *„Standard"* in der Überschrift deswegen, weil man diese Zahlen genau in dieser Reihenfolge in die Spalte *„WZ"* einträgt, nummerisch aufsteigend.

WZ	SZ	1	2	3	4	5	6	7	8	9	10	11	12	13	14	15	16	17	18	19	20	21	22	23	24
1	1	X				X											X						X		X
2	2	X	X				X											X						X	
3	3		X	X				X											X						X
4	4	X		X	X				X											X					
6	5		X		X	X				X											X				
7	6			X		X	X				X											X			
9	7				X		X	X				X											X		
11	8					X		X	X				X											X	
12	9						X		X	X				X											X
17	10	X						X		X	X				X										
20	11		X						X		X	X				X									
22	12			X						X		X	X				X								
24	13				X						X		X	X				X							
26	14					X						X		X	X				X						
27	15						X						X		X	X				X					
28	16							X						X		X	X				X				
29	17								X						X		X	X				X			
31	18									X						X		X	X				X		
34	19										X						X		X	X				X	
37	20											X						X		X	X				X
42	21	X											X						X		X	X			
43	22		X											X						X		X	X		
47	23			X											X						X		X	X	
50	24				X											X						X		X	X

↓	↓	↓	↓	↓	↓	↓	↓	↓	↓	↓	↓	↓	↓	↓	↓	↓	↓	↓	↓	↓	↓	↓	↓
1.	1	2	3	4	1	2	3	4	6	7	9	11	12	17	20	1	2	3	4	6	7	1	2	1
2.	2	3	4	6	6	7	9	11	12	17	20	22	24	26	27	22	24	26	27	28	29	9	11	3
3.	4	6	7	9	7	9	11	12	17	20	22	24	26	27	28	28	29	31	34	37	42	31	34	12
4.	17	20	22	24	11	12	17	20	22	24	26	27	28	29	31	29	31	34	37	42	43	43	47	37
5.	42	43	47	50	26	27	28	29	31	34	37	42	42	47	50	34	37	42	43	47	50	47	50	50

Aufgrund unserer Wahlzahlen ergeben sich diese Tippreihen. Durch das Abwicklungsschema sind die Tippreihen unsortiert. Wir sortieren die Reihen nun, damit wir die Reihen besser mit denjenigen vergleichen können, die auf den nächsten beiden Seiten durch die beiden Beispiele mit den Varianten entstehen. So können wir evtl. doppelt entstandene Tippreihen entdecken.

	1	2	3	4	5	6	7	8	9	10	11	12	13	14	15	16	17	18	19	20	21	22	23	24
1.	1	1	1	1	1	2	2	2	3	3	3	4	4	4	6	6	7	7	9	11	12	17	20	24
2.	2	2	6	9	22	3	7	11	24	4	9	26	6	11	27	12	28	17	29	20	22	24	26	27
3.	4	12	7	31	28	6	9	34	29	7	11	31	9	12	34	17	37	20	42	22	24	26	27	28
4.	17	37	11	43	29	20	12	47	31	22	17	34	24	20	37	22	42	24	43	26	27	28	29	31
5.	42	50	26	47	34	43	27	50	37	47	28	42	50	29	43	31	47	34	50	37	42	42	47	50

Umstellung des Diagonalsystems für 24 Zahlen - 1. Variante

Natürlich kann man seine Wahlzahlen auch in einer anderen Reihenfolge eintragen. Dadurch ergeben sich andere Tippreihen. Wir spielen mit denselben Zahlen, jedoch im Zweierschritt:

WZ	SZ	1	2	3	4	5	6	7	8	9	10	11	12	13	14	15	16	17	18	19	20	21	22	23	24
1	1	X				X											X						X		X
3	2	X	X				X											X						X	
6	3		X	X				X											X						X
9	4	X		X	X				X											X					
12	5		X		X	X				X											X				
20	6			X		X	X				X											X			
24	7				X		X	X				X											X		
27	8					X		X	X				X											X	
29	9						X		X	X				X											X
34	10	X						X		X	X				X										
42	11		X						X		X	X				X									
47	12			X						X		X	X				X								
2	13				X						X		X	X				X							
4	14					X						X		X	X				X						
7	15						X						X		X	X				X					
11	16							X						X		X	X				X				
17	17								X						X		X	X				X			
22	18									X						X		X	X				X		
26	19										X						X		X	X				X	
28	20											X						X		X	X				X
31	21	X											X						X		X	X			
37	22		X											X						X		X	X		
43	23			X											X						X		X	X	
50	24				X											X						X		X	X

		↓	↓	↓	↓	↓	↓	↓	↓	↓	↓	↓	↓	↓	↓	↓	↓	↓	↓	↓	↓	↓	↓	↓	↓
1.		1	3	6	9	1	3	6	9	12	20	24	27	29	34	42	1	3	6	9	12	20	1	3	1
2.		3	6	9	12	12	20	24	27	29	34	42	47	2	4	7	47	2	4	7	11	17	24	27	6
3.		9	12	20	24	20	24	27	29	34	42	47	2	4	7	11	11	17	22	26	28	31	22	26	29
4.		34	42	47	2	27	29	34	42	47	2	4	7	11	17	22	17	22	26	28	31	37	37	43	28
5.		31	37	43	50	4	7	11	17	22	26	28	31	37	43	50	26	28	31	37	43	50	43	50	50

		↓	↓	↓	↓	↓	↓	↓	↓	↓	↓	↓	↓	↓	↓	↓	↓	↓	↓	↓	↓	↓	↓	↓	↓
1.		1	3	6	2	1	3	6	9	12	2	4	2	2	4	7	1	2	4	7	11	17	1	3	1
2.		3	6	9	9	4	7	11	17	22	20	24	7	4	7	11	11	3	6	9	12	20	22	26	6
3.		9	12	20	12	12	20	24	27	29	26	28	27	11	17	22	17	17	22	26	28	31	24	27	28
4.		31	37	43	24	20	24	27	29	34	34	42	31	29	34	42	26	22	26	28	31	37	37	43	29
5.		34	42	47	50	27	29	34	42	47	42	47	47	37	43	50	47	28	31	37	43	50	43	50	50

„DS 24/24/5" – in nummerisch aufsteigend sortierter Reihenfolge – 1. Variante

		1	2	3	4	5	6	7	8	9	10	11	12	13	14	15	16	17	18	19	20	21	22	23	24
1.		1	1	1	1	1	2	2	2	2	2	3	3	3	4	4	4	6	6	7	7	9	11	12	17
2.		3	4	6	11	22	3	4	7	9	20	6	7	26	6	7	24	9	11	9	11	17	12	22	20
3.		9	12	28	17	24	17	11	27	12	26	12	20	27	22	17	28	20	24	26	22	27	28	29	31
4.		31	20	29	26	37	22	29	31	24	34	37	24	43	26	34	42	43	27	28	42	29	31	34	37
5.		34	27	50	47	43	28	37	47	50	42	42	29	50	31	43	47	47	34	37	50	42	43	47	50

Umstellung des Diagonalsystems für 24 Zahlen – 2. Variante

Bei der zweiten Variante tragen wir alle Zahlen „verkehrt herum" ein, also numerisch absteigend sortiert. Die Garantiewerte ändern sich nicht, die Zahlen und die Reihenfolge sind egal.

WZ	SZ	1	2	3	4	5	6	7	8	9	10	11	12	13	14	15	16	17	18	19	20	21	22	23	24
50	1	X				X											X						X		X
47	2	X	X				X											X						X	
43	3		X	X				X											X						X
42	4	X		X	X				X											X					
37	5		X		X	X				X											X				
34	6			X		X	X				X											X			
31	7				X		X	X				X											X		
29	8					X		X	X				X											X	
28	9						X		X	X				X											X
27	10	X						X		X	X				X										
26	11		X						X		X	X				X									
24	12			X						X		X	X				X								
22	13				X						X		X	X				X							
20	14					X						X		X	X				X						
17	15						X						X		X	X				X					
12	16							X						X		X	X				X				
11	17								X						X		X	X				X			
9	18									X						X		X	X				X		
7	19										X						X		X	X				X	
6	20											X						X		X	X				X
4	21	X											X						X		X	X			
3	22		X											X						X		X	X		
2	23			X											X						X		X	X	
1	24				X											X						X		X	X

↓	↓	↓	↓	↓	↓	↓	↓	↓	↓	↓	↓	↓	↓	↓	↓	↓	↓	↓	↓	↓	↓	↓	↓
1.	50	47	43	42	50	47	43	42	37	34	31	29	28	27	26	50	47	43	42	37	34	50	47	50
2.	47	43	42	37	37	34	31	29	28	27	26	24	22	20	17	24	22	20	17	12	11	31	29	43
3.	42	37	34	31	34	31	29	28	27	26	24	22	20	17	12	12	11	9	7	6	4	9	7	28
4.	27	26	24	22	29	28	27	26	24	22	20	17	12	11	9	11	9	7	6	4	3	3	2	7
5.	4	3	2	1	20	17	12	11	9	7	6	4	3	2	1	7	6	4	3	2	1	2	1	1

↓	↓	↓	↓	↓	↓	↓	↓	↓	↓	↓	↓	↓	↓	↓	↓	↓	↓	↓	↓	↓	↓	↓
1.	4	3	2	1	20	17	12	11	9	7	6	4	3	2	1	7	6	4	3	2	1	2	1	1
2.	27	26	24	22	29	28	27	26	24	22	20	17	12	11	9	11	9	7	6	4	3	3	2	7
3.	42	37	34	31	34	31	29	28	27	26	24	22	20	17	12	12	11	9	7	6	4	9	7	28
4.	47	43	42	37	37	34	31	29	28	27	26	24	22	20	17	24	22	20	17	12	11	31	29	43
5.	50	47	43	42	50	47	43	42	37	34	31	29	28	27	26	50	47	43	42	37	34	50	47	50

„DS 24/24/5" – in numerisch aufsteigend sortierter Reihenfolge – 2. Variante

	1	2	3	4	5	6	7	8	9	10	11	12	13	14	15	16	17	18	19	20	21	22	23	24
1.	1	1	1	1	1	2	2	2	2	3	3	3	4	4	4	6	6	7	7	9	11	12	17	20
2.	2	3	7	9	22	3	4	11	24	6	12	26	7	17	27	9	20	11	22	24	26	27	28	29
3.	7	4	28	12	31	9	6	17	34	7	20	37	9	22	42	11	24	12	26	27	28	29	31	34
4.	29	11	43	17	37	31	12	20	42	17	22	43	20	24	47	22	26	24	27	28	29	31	34	37
5.	47	34	50	26	42	50	37	27	43	42	28	47	43	29	50	47	31	50	34	37	42	43	47	50

Systemumstellung per Austauschtabelle

Wenn man kein Abwicklungsschema zur Hand hat, kann man Systeme generell mit der soge-nannten *„Systemzahlen-Austausch-Tabelle"* umstellen. Hierzu nimmt man ein Blatt Papier und schreibt, bei einem System mit 9 Zahlen, die Zahlen von 1 bis 9 untereinander. Rechts daneben schreibt man die Zahlen, die man tatsächlich spielen möchte. Dazu nehmen wir wiederum das Diagonalsystem *„DS 9/9/5"*, dass wir mit denselben Zahlen 1, 8, 11, 23, 24, 35, 42, 47, 50 spie-len wollen. Nachfolgend werden die einzelnen Tauschvorgänge Schritt für Schritt abgebildet:

System →   **Austausch-Tabelle**   **→ persönliche Tippreihen**

DS 9/9/5 - Systemreihen

	1	2	3	4	5	6	7	8	9
1.	1	1	1	1	1	2	2	2	3
2.	2	2	3	3	4	3	3	4	4
3.	4	5	4	5	5	5	6	5	6
4.	6	6	7	6	7	7	7	8	8
5.	7	8	8	9	9	8	9	9	9

Die Systemzahl 1 wird ...

SZ		WZ
1	→	1
2	→	8
3	→	11
4	→	23
5	→	24
6	→	35
7	→	42
8	→	47
9	→	50

DS 9/9/5 – persönlicher Tipp

	1	2	3	4	5	6	7	8	9
1.	1	1	1	1	1				
2.									
3.									
4.									
5.									

... als Zahl 1 übertragen

DS 9/9/5 - Systemreihen

	1	2	3	4	5	6	7	8	9
1.	1	1	1	1	1	2	2	2	3
2.	2	2	3	3	4	3	3	4	4
3.	4	5	4	5	5	5	6	5	6
4.	6	6	7	6	7	7	7	8	8
5.	7	8	8	9	9	8	9	9	9

Die Systemzahl 2 wird ...

SZ		WZ
1	→	1
2	→	8
3	→	11
4	→	23
5	→	24
6	→	35
7	→	42
8	→	47
9	→	50

DS 9/9/5 - persönlicher Tipp

	1	2	3	4	5	6	7	8	9
1.	1	1	1	1	1	8	8	8	
2.	8	8							
3.									
4.									
5.									

... als Zahl 8 übertragen

DS 9/9/5 - Systemreihen

	1	2	3	4	5	6	7	8	9
1.	1	1	1	1	1	2	2	2	3
2.	2	2	3	3	4	3	3	4	4
3.	4	5	4	5	5	5	6	5	6
4.	6	6	7	6	7	7	7	8	8
5.	7	8	8	9	9	8	9	9	9

Die Systemzahl 3 wird ...

SZ		WZ
1	→	1
2	→	8
3	→	11
4	→	23
5	→	24
6	→	35
7	→	42
8	→	47
9	→	50

DS 9/9/5 - persönlicher Tipp

	1	2	3	4	5	6	7	8	9
1.	1	1	1	1	1	8	8	8	11
2.	8	8	11	11		11	11		
3.									
4.									
5.									

... als Zahl 11 übertragen

DS 9/9/5 - Systemreihen

	1	2	3	4	5	6	7	8	9
1.	1	1	1	1	1	2	2	2	3
2.	2	2	3	3	4	3	3	4	4
3.	4	5	4	5	5	5	6	5	6
4.	6	6	7	6	7	7	7	8	8
5.	7	8	8	9	9	8	9	9	9

Die Systemzahl 4 wird ...

SZ		WZ
1	→	1
2	→	8
3	→	11
4	→	23
5	→	24
6	→	35
7	→	42
8	→	47
9	→	50

DS 9/9/5 - persönlicher Tipp

	1	2	3	4	5	6	7	8	9
1.	1	1	1	1	1	8	8	8	11
2.	8	8	11	11	23	11	11	23	23
3.	23		23						
4.									
5.									

... als Zahl 23 übertragen

DS 9/9/5 - Systemreihen

	1	2	3	4	5	6	7	8	9
1.	1	1	1	1	1	2	2	2	3
2.	2	2	3	3	4	3	3	4	4
3.	4	5	4	5	5	5	6	5	6
4.	6	6	7	6	7	7	7	8	8
5.	7	8	8	9	9	8	9	9	9

Die Systemzahl 5 wird ...

SZ		WZ
1	→	1
2	→	8
3	→	11
4	→	23
5	→	**24**
6	→	35
7	→	42
8	→	47
9	→	50

DS 9/9/5 - persönlicher Tipp

	1	2	3	4	5	6	7	8	9
1.	1	1	1	1	1	8	8	8	11
2.	8	8	11	11	23	11	11	23	23
3.	23	24	23	24	24	24		24	
4.									
5.									

... als Zahl 24 übertragen

DS 9/9/5 - Systemreihen

	1	2	3	4	5	6	7	8	9
1.	1	1	1	1	1	2	2	2	3
2.	2	2	3	3	4	3	3	4	4
3.	4	5	4	5	5	5	6	5	6
4.	6	6	7	6	7	7	7	8	8
5.	7	8	8	9	9	8	9	9	9

Die Systemzahl 6 wird ...

SZ		WZ
1	→	1
2	→	8
3	→	11
4	→	23
5	→	24
6	→	**35**
7	→	42
8	→	47
9	→	50

DS 9/9/5 - persönlicher Tipp

	1	2	3	4	5	6	7	8	9
1.	1	1	1	1	1	8	8	8	11
2.	8	8	11	11	23	11	11	23	23
3.	23	24	23	24	24	24	35	24	35
4.	35	35		35					
5.									

... als Zahl 35 übertragen

DS 9/9/5 - Systemreihen

	1	2	3	4	5	6	7	8	9
1.	1	1	1	1	1	2	2	2	3
2.	2	2	3	4	3	3	3	4	4
3.	4	5	4	5	5	5	6	5	6
4.	6	6	7	6	7	7	7	8	8
5.	7	8	8	9	9	8	9	9	9

Die Systemzahl 7 wird ...

SZ		WZ
1	→	1
2	→	8
3	→	11
4	→	23
5	→	24
6	→	35
7	→	**42**
8	→	47
9	→	50

DS 9/9/5 - persönlicher Tipp

	1	2	3	4	5	6	7	8	9
1.	1	1	1	1	1	8	8	8	11
2.	8	8	11	11	23	11	11	23	23
3.	23	24	23	24	24	24	35	24	35
4.	35	35	42	35	42	42	42		
5.	42								

... als Zahl 42 übertragen

DS 9/9/5 - Systemreihen

	1	2	3	4	5	6	7	8	9
1.	1	1	1	1	1	2	2	2	3
2.	2	2	3	4	3	3	3	4	4
3.	4	5	4	5	5	5	6	5	6
4.	6	6	7	6	7	7	7	8	8
5.	7	8	8	9	9	8	9	9	9

Die Systemzahl 8 wird ...

SZ		WZ
1	→	1
2	→	8
3	→	11
4	→	23
5	→	24
6	→	35
7	→	42
8	→	**47**
9	→	50

DS 9/9/5 - persönlicher Tipp

	1	2	3	4	5	6	7	8	9
1.	1	1	1	1	1	8	8	8	11
2.	8	8	11	11	23	11	11	23	23
3.	23	24	23	24	24	24	35	24	35
4.	35	35	42	35	42	42	42	47	47
5.	42	47	47			47			

... als Zahl 47 übertragen

DS 9/9/5 - Systemreihen

	1	2	3	4	5	6	7	8	9
1.	1	1	1	1	1	2	2	2	3
2.	2	2	3	4	3	3	3	4	4
3.	4	5	4	5	5	5	6	5	6
4.	6	6	7	6	7	7	7	8	8
5.	7	8	8	9	9	8	9	9	9

Die Systemzahl 9 wird ...

SZ		WZ
1	→	1
2	→	8
3	→	11
4	→	23
5	→	24
6	→	35
7	→	42
8	→	47
9	→	**50**

DS 9/9/5 - persönlicher Tipp

	1	2	3	4	5	6	7	8	9
1.	1	1	1	1	1	8	8	8	11
2.	8	8	11	11	23	11	11	23	23
3.	23	24	23	24	24	24	35	24	35
4.	35	35	42	35	42	42	42	47	47
5.	42	47	47	50	50	47	50	50	50

... als Zahl 50 übertragen

Wenn man die Systemreihen, die auf der Seite 21 durch das Abwicklungsschema entstanden sind, mit diesen vergleicht, stellt man fest, dass bei beiden Vorgehensweisen dieselben Reihen entstanden sind. So muss es auch sein. Nur die Anordnung der Reihen ist unterschiedlich. Das liegt daran, dass im Abwicklungsschema die Tippreihen nicht nummerisch aufsteigend sortiert, sondern in der Konstruktionsreihenfolge angeordnet sind.

Trefferauswertung

Bei der Benützung eines Abwicklungsschemas ist neben der Umstellung auf die persönlichen Wahlzahlen auch die Gewinnauswertung sehr bequem. Um das zu verdeutlichen, machen wir einen Beispieltipp mit dem Diagonalsystem **„DS 24/24/5"** für 24 Zahlen. Wir entscheiden uns für die Zahlen 1, 2, 3, 4, 6, 7, 9, 11, 12, 17, 20, 22, 24, 26, 27, 28, 29, 31, 34, 37, 42, 43, 47 und 50. Diese Zahlen tragen wird in der Spalte „WZ" ein. Als fiktive Gewinnzahlen nehmen wir die Zahlen, die sich in der 5. Spalte befinden. Es ist die Tippreihe mit den Zahlen 1,6,7,11,26.

„DS 24/24/5" – 24 Zahlen in 24 Fünferreihen

↓ Startreihe: 1,2,4,10,21

WZ	SZ	1	2	3	4	5	6	7	8	9	10	11	12	13	14	15	16	17	18	19	20	21	22	23	24
1	1	(X)				(X)											(X)						(X)		(X)
2	2	X	X				X											X						X	
3	3		X	X				X											X						X
4	4	X		X	X				X											X					
6	5		(X)		(X)	(X)				(X)											(X)				
7	6			(X)		(X)	(X)				(X)											(X)			
9	7				X		X	X				X											X		
11	8					(X)		(X)	(X)				(X)											(X)	
12	9						X		X	X				X											X
17	10	X						X		X	X				X										
20	11		X						X		X	X				X									
22	12			X						X		X	X				X								
24	13				X						X		X	X				X							
26	14					(X)						(X)		(X)	(X)				(X)						
27	15						X						X		X	X				X					
28	16							X						X		X	X				X				
29	17								X						X		X	X				X			
31	18									X						X		X	X				X		
34	19										X						X		X	X				X	
37	20											X						X		X	X				X
42	21	X											X	X							X	X			
43	22		X																X	X		X	X		
47	23			X											X						X		X	X	
50	24				X											X						X		X	X

↓ ... ↓

	1	2	3	4	5	6	7	8	9	10	11	12	13	14	15	16	17	18	19	20	21	22	23	24
1.	(1)	2	3	4	(1)	2	3	4	(6)	(7)	9	(11)	12	17	20	(1)	2	3	4	(6)	(7)	(1)	2	(1)
2.	2	3	4	(6)	(6)	(7)	9	(11)	12	17	20	22	24	(26)	27	22	24	(26)	27	28	29	9	(11)	3
3.	4	(6)	(7)	9	(7)	9	(11)	12	17	20	22	24	(26)	27	28	28	29	31	34	37	42	31	34	12
4.	17	20	22	24	(11)	12	17	20	22	24	(26)	27	28	29	31	29	31	34	37	42	43	43	47	37
5.	42	43	47	50	(26)	27	28	29	31	34	37	42	42	47	50	34	37	43	43	47	50	47	50	50

Durch den angenommenen Fall des Volltreffers wird die geniale Zahlenverteilung, die in einem Diagonalsystem herrscht, sehr gut sichtbar. Schauen Sie sich mal das Abwicklungsschema genauer an! In der 5. Spalte befinden sich alle fünf Gewinnzahlen, in allen anderen Tippreihen gibt es keine einzige Tippreihe, bei der mehr als eine Zahl richtig ist: In 20 der 23 restlichen Tippreihen ist genau eine Zahl richtig, in den drei noch fehlenden Tippreihen (15/17/19) gibt es überhaupt keinen Treffer. Mein Fazit: *„Das ist effektives Tippen, denn wenn man den Volltreffer hat, braucht man keine Nebentreffer mehr!"*.

Generell erleichtert ein Abwicklungsschema auch die Gewinnkontrolle, da sich hier die Gewinnzahlen immer in derselben Zeile befinden. Bei der nummerischen Darstellung hingegen können sich die Gewinnzahlen in verschiedenen Positionen befinden. Zur Verdeutlichung:

Es wurde u.a. die 26 als Gewinnzahl gezogen. Im Abwicklungsschema befindet die Zahl 26 immer in der 14. Zeile. Man findet so leicht alle Tippreihen, in denen diese Zahl richtig ist. In der nummerischen Darstellung (untere Tabelle) muss man die Zahl 26 suchen. Sie befindet sich einmal an Position 5 (Tippreihe 5), einmal an Position 4 (Tippreihe 11), einmal an Position 3 (Tippreihe 13) und zweimal an Position 2 (Tippreihen 14 und 18).

Kapitel

4

Die Diagonalsysteme

Nachfolgend sind alle Diagonalsysteme von 6 bis 32 Zahlen abgebildet. Wenn Sie ein System per Abwicklungsschema umstellen wollen, fertigen Sie sich eine Kopie an und schreiben nicht ins Buch! Das Anfertigen von Kopien zum Zweck der persönlichen Tipperstellung erlaube ich ausdrücklich, solange kein Missbrauch damit betrieben wird. Hier sind die Systeme:

„DS 6/6/5" – 6 Zahlen in 6 Fünferreihen

↓ Startr. 1,2,3,4,5

WZ	SZ	1	2	3	4	5	6
	1	X		X	X	X	X
	2	X	X		X	X	X
	3	X	X	X		X	X
	4	X	X	X	X		X
	5	X	X	X	X	X	
	6		X	X	X	X	X

nummerisch sortiert

	1	2	3	4	5	6
1.	1	1	1	1	1	2
2.	2	2	2	2	3	3
3.	3	3	3	4	4	4
4.	4	4	5	5	5	5
5.	5	6	6	6	6	6

(entspricht Vollsystem)

„DS 7/7/5" – 7 Zahlen in 7 Fünferreihen

↓ Startr. 1,2,3,5,6

WZ	SZ	1	2	3	4	5	6	7
	1	X		X	X		X	X
	2	X	X		X	X		X
	3	X	X	X		X	X	
	4		X	X	X		X	X
	5	X		X	X	X		X
	6	X	X		X	X	X	
	7		X	X		X	X	X

nummerisch sortiert

	1	2	3	4	5	6	7	-	-	-	-	-
1.	1	1	1	1	1	2	2	-	-	-	-	-
2.	2	2	2	3	3	3	3	-	-	-	-	-
3.	3	4	4	4	4	4	5	-	-	-	-	-
4.	5	5	5	5	6	6	6	-	-	-	-	-
5.	6	6	7	7	7	7	7	-	-	-	-	-

„DS 8/8/5" - 8 Zahlen in 8 Fünferreihen

↓ Startreihe: 1,2,3,4,6

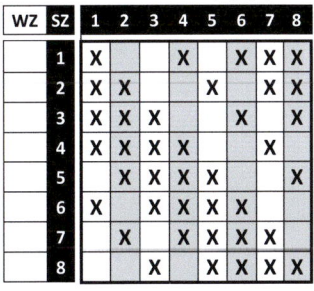

WZ	SZ	1	2	3	4	5	6	7	8
	1	X			X		X	X	X
	2	X	X			X		X	X
	3	X	X	X			X		X
	4	X	X	X	X			X	
	5		X	X	X	X			X
	6	X		X	X	X	X		
	7		X		X	X	X	X	
	8			X		X	X	X	X

nummerisch sortiert

	1	2	3	4	5	6	7	8	-	-	-	-
1.	1	1	1	1	1	2	2	3	-	-	-	-
2.	2	2	2	3	4	3	5	4	-	-	-	-
3.	3	3	4	6	5	4	6	5	-	-	-	-
4.	4	5	7	7	6	5	7	6	-	-	-	-
5.	6	8	8	8	7	7	8	8	-	-	-	-

„DS 9/9/5" - 9 Zahlen in 9 Fünferreihen

↓ Startreihe: 1,2,4,6,7

WZ / SZ	1	2	3	4	5	6	7	8	9
1	X			X	X		X		X
2	X	X			X	X		X	
3		X	X			X	X		X
4	X		X	X			X	X	
5		X		X	X			X	X
6	X		X		X	X			X
7	X	X		X			X	X	
8		X	X		X			X	X
9			X	X		X		X	X

nummerisch sortiert

	1	2	3	4	5	6
1.	1	1	1	1	1	2
2.	2	2	3	3	4	3
3.	4	5	4	5	5	5
4.	6	6	7	6	7	7
5.	7	8	8	9	9	8

	7	8	9	-	-	-
1.	2	2	3	-	-	-
2.	3	4	4	-	-	-
3.	6	5	6	-	-	-
4.	7	8	8	-	-	-
5.	9	9	9	-	-	-

„DS 10/10/5" - 10 Zahlen in 10 Fünferreihen

↓ Startreihe: 1,2,4,5,7

WZ / SZ	1	2	3	4	5	6	7	8	9	10
1	X			X		X	X			X
2	X	X			X		X	X		
3		X	X			X		X	X	
4	X		X	X				X		X
5	X	X		X	X				X	
6		X	X		X	X				X
7	X		X	X		X	X			
8		X		X	X		X	X		
9			X		X	X		X	X	
10			X			X	X		X	X

nummerisch sortiert

	1	2	3	4	5	6
1.	1	1	1	1	1	2
2.	2	2	3	3	5	3
3.	4	4	4	7	6	5
4.	5	8	6	8	8	6
5.	7	9	10	10	9	8

	7	8	9	10	-	-
1.	2	2	3	4	-	-
2.	3	6	4	5	-	-
3.	5	7	6	7	-	-
4.	9	9	7	8	-	-
5.	10	10	9	10	-	-

„DS 11/11/5" – 11 Zahlen in 11 Fünferreihen

↓ Startreihe: 1,2,3,5,8

WZ / SZ	1	2	3	4	5	6	7	8	9	10	11
1	X			X			X		X	X	
2	X	X				X			X		X
3	X	X	X				X			X	
4		X	X	X				X			X
5	X		X	X	X				X		
6		X		X	X	X				X	
7			X		X	X	X				X
8	X			X		X	X	X			
9		X			X		X	X	X		
10			X			X		X	X	X	
11			X			X			X	X	X

nummerisch sortiert

	1	2	3	4	5	6
1.	1	1	1	1	1	2
2.	2	2	3	4	5	3
3.	3	4	6	8	6	4
4.	5	7	10	9	7	6
5.	8	11	11	10	9	9

	7	8	9	10	11	-
1.	2	2	3	3	4	-
2.	5	6	4	7	5	-
3.	9	7	5	8	6	-
4.	10	8	7	9	8	-
5.	11	10	10	11	11	-

„DS 12/12/5" – 12 Zahlen in 12 Fünferreihen

↓ Startreihe: 1,2,4,9,10

SZ	1	2	3	4	5	6	7	8	9	10	11	12
1	X			X	X					X		X
2	X	X			X	X					X	
3		X	X			X	X					X
4	X		X	X			X	X				
5		X		X	X			X	X			
6			X		X	X			X	X		
7				X		X	X			X	X	
8					X		X	X			X	X
9	X					X		X	X			X
10	X	X					X		X	X		
11		X	X					X		X	X	
12			X	X					X		X	X

nummerisch sortiert

	1	2	3	4	5	6
1.	1	1	1	1	1	2
2.	2	2	3	4	6	3
3.	4	5	8	5	7	5
4.	9	6	9	7	10	10
5.	10	8	12	12	11	11

	7	8	9	10	11	12
1.	2	2	3	3	4	5
2.	3	7	4	4	5	6
3.	6	8	6	7	8	9
4.	7	11	11	8	9	10
5.	9	12	12	10	11	12

„DS 13/13/5" – 13 Zahlen in 13 Fünferreihen

↓ Startreihe: 1,2,4,9,11

SZ	1	2	3	4	5	6	7	8	9	10	11	12	13
1	X			X		X					X		X
2	X	X			X		X					X	
3		X	X			X		X					X
4	X		X	X			X		X				
5		X		X	X			X		X			
6			X		X	X			X		X		
7				X		X	X			X		X	
8					X		X	X			X		X
9	X					X		X	X			X	
10		X					X		X	X			X
11	X		X					X		X	X		
12		X		X					X		X	X	
13			X		X					X		X	X

nummerisch sortiert

	1	2	3	4	5	6
1.	1	1	1	1	1	2
2.	2	3	3	4	6	3
3.	4	6	8	5	8	5
4.	9	7	10	7	11	10
5.	11	9	13	12	12	12

	7	8	9	10	11	12
1.	2	2	2	3	3	4
2.	4	5	7	4	5	6
3.	7	6	9	6	8	9
4.	8	8	12	11	9	10
5.	10	13	13	13	11	12

	13	-	-	-	-	-
1.	5	-	-	-	-	-
2.	7	-	-	-	-	-
3.	10	-	-	-	-	-
4.	11	-	-	-	-	-
5.	13	-	-	-	-	-

„DS 14/14/5" – 14 Zahlen in 14 Fünferreihen

↓ Startreihe: 1,2,5,7,9

SZ	1	2	3	4	5	6	7	8	9	10	11	12	13	14
1	X	X			X		X		X					
2		X	X			X		X		X				
3			X	X			X		X		X			
4				X	X			X		X		X		
5					X	X			X		X		X	
6						X	X			X		X		X
7	X						X	X			X		X	
8		X						X	X			X		X
9	X		X						X	X			X	
10		X		X						X	X			X
11	X		X		X						X	X		
12		X		X		X						X	X	
13			X		X		X						X	X
14	X			X		X		X						X

nummerisch sortiert

	1	2	3	4	5	6
1.	1	1	1	1	1	2
2.	2	3	3	4	7	3
3.	5	5	9	6	8	6
4.	7	11	10	8	11	8
5.	9	12	13	14	13	10

	7	8	9	10	11	12
1.	2	2	2	3	3	4
2.	4	4	8	4	5	5
3.	6	10	9	7	7	8
4.	12	11	12	9	13	10
5.	13	14	14	11	14	12

	13	14	-	-	-	-
1.	5	6	-	-	-	-
2.	6	7	-	-	-	-
3.	9	10	-	-	-	-
4.	11	12	-	-	-	-
5.	13	14	-	-	-	-

„DS 15/15/5" – 15 Zahlen in 15 Fünferreihen

↓ Startreihe: 1,2,4,9,13

SZ	1	2	3	4	5	6	7	8	9	10	11	12	13	14	15
1	X	X		X					X				X		
2		X	X		X					X				X	
3			X	X		X					X				X
4	X			X	X		X					X			
5		X			X	X		X					X		
6			X			X	X		X					X	
7				X			X	X		X					X
8	X				X			X	X		X				
9		X				X			X	X		X			
10			X				X			X	X		X		
11				X				X			X	X		X	
12					X				X			X	X		X
13	X					X				X			X	X	
14		X					X				X			X	X
15	X		X					X				X			X

nummerisch sortiert

	1	2	3	4	5	6
1.	1	1	1	1	1	2
2.	2	3	4	5	6	3
3.	4	8	5	8	10	5
4.	9	12	7	9	13	10
5.	13	15	12	11	14	14

	7	8	9	10	11	12
1.	2	2	3	3	3	3
2.	5	6	7	4	6	7
3.	6	9	11	6	7	10
4.	8	10	14	11	9	11
5.	13	12	15	15	14	13

	13	14	15	-	-	-
1.	4	4	5	-	-	-
2.	7	8	9	-	-	-
3.	8	11	12	-	-	-
4.	10	12	13	-	-	-
5.	15	14	15	-	-	-

„DS 16/16/5" – 16 Zahlen in 16 Fünferreihen

↓ Startreihe: 1,2,5,11,13

WZ \ SZ	1	2	3	4	5	6	7	8	9	10	11	12	13	14	15	16
1	X	X			X						X		X			
2		X	X			X						X		X		
3			X	X			X						X		X	
4				X	X			X						X		X
5	X				X	X			X						X	
6		X				X	X			X						X
7	X		X				X	X			X					
8		X		X				X	X			X				
9			X		X				X	X			X			
10				X		X				X	X			X		
11	X				X		X				X	X			X	
12		X				X		X				X	X			X
13	X						X		X				X	X		
14		X						X		X				X	X	
15			X						X		X				X	X
16	X			X						X		X				X

nummerisch sortiert

	1	2	3	4	5	6
1.	1	1	1	1	1	2
2.	2	3	4	5	7	3
3.	5	7	10	6	9	6
4.	11	8	12	9	13	12
5.	13	11	16	15	14	14

	7	8	9	10	11	12
1.	2	2	2	3	3	3
2.	4	6	8	4	5	9
3.	8	7	10	7	9	11
4.	9	10	14	13	10	15
5.	12	16	15	15	13	16

	13	14	15	16	-	-
1.	4	4	5	6	-	-
2.	5	6	7	8	-	-
3.	8	10	11	12	-	-
4.	14	11	12	13	-	-
5.	16	14	15	16	-	-

„DS 17/17/5" – 17 Zahlen in 17 Fünferreihen

↓ Startreihe: 1,2,4,7,11

WZ \ SZ	1	2	3	4	5	6	7	8	9	10	11	12	13	14	15	16	17
1	X	X		X			X				X						
2		X	X		X			X				X					
3			X	X		X			X				X				
4				X	X		X			X				X			
5					X	X		X			X				X		
6						X	X		X			X				X	
7							X	X		X			X				X
8	X							X	X		X			X			
9		X							X	X		X			X		
10			X							X	X		X			X	
11				X							X	X		X			X
12	X				X							X	X		X		
13		X				X							X	X		X	
14			X				X							X	X		X
15	X			X				X							X	X	
16		X			X				X							X	X
17	X		X			X				X							X

nummerisch sortiert

	1	2	3	4	5	6
1.	1	1	1	1	1	2
2.	2	3	4	5	8	3
3.	4	6	8	12	9	5
4.	7	10	15	13	11	8
5.	11	17	16	15	14	12

	7	8	9	10	11	12
1.	2	2	2	3	3	3
2.	5	6	9	4	7	10
3.	9	13	10	6	14	11
4.	16	14	12	9	15	13
5.	17	16	15	13	17	16

	13	14	15	16	17	-
1.	4	4	5	6	7	-
2.	5	11	6	7	8	-
3.	7	12	8	9	10	-
4.	10	14	11	12	13	-
5.	14	17	15	16	17	-

„DS 18/18/5" – 18 Zahlen in 18 Fünferreihen

↓ Startreihe: 1,2,4,9,13

WZ	SZ	1	2	3	4	5	6	7	8	9	10	11	12	13	14	15	16	17	18
	1	X						X				X					X		X
	2	X	X						X				X					X	
	3		X	X						X				X					X
	4	X		X	X						X				X				
	5		X		X	X						X				X			
	6			X		X	X						X				X		
	7				X		X	X						X				X	
	8					X		X	X						X				X
	9	X					X		X	X						X			
	10		X					X		X	X						X		
	11			X					X		X	X						X	
	12				X					X		X	X						X
	13	X				X					X		X	X					
	14		X				X					X		X	X				
	15			X				X					X		X	X			
	16				X				X					X		X	X		
	17					X				X					X		X	X	
	18						X				X					X		X	X

DS 18/18/5 – Systemreihen in numm. Reihenfolge

1	2	3	4	5	6	7	8	9	10	11	12	13	14	15	16	17	18
1.	1	1	1	1	1	2	2	2	2	3	3	3	4	4	4	5	5	6
2.	2	3	5	6	7	3	6	7	8	4	7	9	5	8	10	6	9	7
3.	4	8	11	10	8	5	12	11	9	6	13	10	7	14	11	8	15	9
4.	9	12	12	16	10	10	13	17	11	11	14	12	12	15	13	13	16	14
5.	13	18	14	17	15	14	15	18	16	15	16	17	16	17	18	17	18	18

„DS 19/19/5" – 19 Zahlen in 19 Fünferreihen

↓ Startreihe: 1,2,4,8,13

WZ	SZ	1	2	3	4	5	6	7	8	9	10	11	12	13	14	15	16	17	18	19
	1	X	X		X				X					X						
	2		X	X		X				X					X					
	3			X	X		X				X					X				
	4				X	X		X				X					X			
	5					X	X		X				X					X		
	6						X	X		X				X					X	
	7							X	X		X				X					X
	8	X							X	X		X				X				
	9		X							X	X		X				X			
	10			X							X	X		X				X		
	11				X							X	X		X				X	
	12					X							X	X		X				X
	13	X					X							X	X		X			
	14		X					X							X	X		X		
	15			X					X							X	X		X	
	16				X					X							X	X		X
	17	X				X					X							X	X	
	18		X				X					X							X	X
	19	X		X				X					X							X

DS 19/19/5 – Systemreihen in nummerisch sortierter Reihenfolge

1	2	3	4	5	6	7	8	9	10	11	12	13	14	15	16	17	18	19	-	-	-	-	-
1.	1	1	1	1	1	2	2	2	2	3	3	3	4	4	4	5	5	6	7	-	-	-	-	-
2.	2	3	5	6	8	3	6	7	9	4	8	10	5	9	11	6	12	7	8	-	-	-	-	-
3.	4	7	10	13	9	5	11	14	10	6	15	11	7	16	12	8	13	9	10	-	-	-	-	-
4.	8	12	17	14	11	9	18	15	12	10	16	13	11	17	14	12	15	13	14	-	-	-	-	-
5.	13	19	18	16	15	14	19	17	16	15	18	17	16	19	18	17	19	18	19	-	-	-	-	-

„DS 20/20/5" – 20 Zahlen in 20 Fünferreihen

↓ Startreihe: 1,2,4,8,13

WZ	SZ	1	2	3	4	5	6	7	8	9	10	11	12	13	14	15	16	17	18	19	20
	1	X								X					X				X		X
	2	X	X								X					X				X	
	3		X	X								X					X				X
	4	X		X	X								X					X			
	5		X		X	X								X					X		
	6			X		X	X								X					X	
	7				X		X	X								X					X
	8	X				X		X	X								X				
	9		X				X		X	X								X			
	10			X				X		X	X								X		
	11				X				X		X	X								X	
	12					X				X		X	X								X
	13	X					X				X		X	X							
	14		X					X				X		X	X						
	15			X					X				X		X	X					
	16				X					X				X		X	X				
	17					X					X				X		X	X			
	18						X					X				X		X	X		
	19							X					X				X		X	X	
	20								X					X				X		X	X

DS 20/20/5 – Systemreihen in numm. aufsteigend sortierter Reihenfolge

	1	2	3	4	5	6	7	8	9	10	11	12	13	14	15	16	17	18	19	20	-	-	-	-
1.	1	1	1	1	1	2	2	2	2	3	3	3	4	4	4	5	5	6	7	8	-	-	-	-
2.	2	3	5	6	9	3	6	7	10	4	8	11	5	9	12	6	13	7	8	9	-	-	-	-
3.	4	7	10	14	10	5	11	15	11	6	16	12	7	17	13	8	14	9	10	11	-	-	-	-
4.	8	12	18	15	12	9	19	16	13	10	17	14	11	18	15	12	16	13	14	15	-	-	-	-
5.	13	20	19	17	16	14	20	18	17	15	19	18	16	20	19	17	20	18	19	20	-	-	-	-

„DS 21/21/5" – 21 Zahlen in 21 Fünferreihen

↓ Startreihe: 1,2,5,15,17

WZ	SZ	1	2	3	4	5	6	7	8	9	10	11	12	13	14	15	16	17	18	19	20	21
	1	X					X		X										X			X
	2	X	X					X		X										X		
	3		X	X					X		X										X	
	4			X	X					X		X										X
	5	X			X	X					X		X									
	6		X			X	X					X		X								
	7			X			X	X					X		X							
	8				X			X	X					X		X						
	9					X			X	X					X		X					
	10						X			X	X					X		X				
	11							X			X	X					X		X			
	12								X			X	X					X		X		
	13									X			X	X					X		X	
	14										X			X	X					X		X
	15	X										X			X	X					X	
	16		X										X			X	X					X
	17	X		X										X			X	X				
	18		X		X										X			X	X			
	19			X		X										X			X	X		
	20				X		X										X			X	X	
	21					X		X										X			X	X

DS 21/21/5 – Systemreihen in numm. aufsteigend sortierter Reihenfolge

	1	2	3	4	5	6	7	8	9	10	11	12	13	14	15	16	17	18	19	20	21	-	-	-
1.	1	1	1	1	1	2	2	2	2	3	3	3	4	4	5	5	6	7	8	9	10	-	-	-
2.	2	3	4	6	11	3	4	7	12	4	5	13	5	6	6	7	8	9	10	11	12	-	-	-
3.	5	8	14	7	13	6	9	8	14	7	10	15	8	11	9	12	13	14	15	16	17	-	-	-
4.	15	9	16	10	18	16	10	11	19	17	11	20	18	12	19	13	14	15	16	17	18	-	-	-
5.	17	12	21	20	19	18	13	21	20	19	14	21	20	15	21	16	17	18	19	20	21	-	-	-

„DS 22/22/5" – 22 Zahlen in 22 Fünferreihen

↓ Startreihe: 1,2,4,8,13

WZ \ SZ	1	2	3	4	5	6	7	8	9	10	11	12	13	14	15	16	17	18	19	20	21	22
1	X										X					X				X		X
2	X	X										X					X				X	
3		X	X										X					X				X
4	X		X	X										X					X			
5		X		X	X										X					X		
6			X		X	X										X					X	
7				X		X	X										X					X
8	X				X		X	X										X				
9		X				X		X	X										X			
10			X				X		X	X										X		
11				X				X		X	X										X	
12					X				X		X	X										X
13	X					X				X		X	X									
14		X					X				X		X	X								
15			X					X				X		X	X							
16				X					X				X		X	X						
17					X					X				X		X	X					
18						X					X				X		X	X				
19							X					X				X		X	X			
20								X					X				X		X	X		
21									X					X				X		X	X	
22										X					X				X		X	X

DS 22/22/5 – Systemreihen in numm. aufsteigend sortierter Reihenfolge

	1	2	3	4	5	6	7	8	9	10	11	12	13	14	15	16	17	18	19	20	21	22	-	-
1.	1	1	1	1	1	2	2	2	2	3	3	3	4	4	4	5	5	6	7	8	9	10	-	-
2.	2	3	5	6	11	3	6	7	12	4	8	13	5	9	14	6	15	7	8	9	10	11	-	-
3.	4	7	10	16	12	5	11	17	13	6	18	14	7	19	15	8	16	9	10	11	12	13	-	-
4.	8	12	20	17	14	9	21	18	15	10	19	16	11	20	17	12	18	13	14	15	16	17	-	-
5.	13	22	21	19	18	14	22	20	19	15	21	20	16	22	21	17	22	18	19	20	21	22	-	-

„DS 23/23/5" – 23 Zahlen in 23 Fünferreihen

↓ Startreihe: 1,2,4,9,15

WZ \ SZ	1	2	3	4	5	6	7	8	9	10	11	12	13	14	15	16	17	18	19	20	21	22	23
1	X								X							X					X		X
2	X	X								X					X					X			
3		X	X								X					X							X
4	X		X	X								X						X					
5		X		X	X								X						X				
6			X		X	X								X						X			
7			X		X	X										X					X		
8				X		X	X										X						X
9	X					X		X	X								X						
10		X					X		X	X							X						
11			X				X		X	X							X						
12			X				X			X	X							X					
13				X				X			X	X							X				
14					X			X			X	X								X			
15	X					X				X			X	X									
16		X					X				X		X	X									
17			X					X				X		X	X								
18			X						X				X		X	X							
19				X					X					X		X	X						
20				X						X					X		X	X					
21					X						X					X		X	X				
22					X							X					X		X	X			
23							X					X					X			X		X	X

DS 23/23/5 – Systemreihen in numm. aufsteigend sortierter Reihenfolge

	1	2	3	4	5	6	7	8	9	10	11	12	13	14	15	16	17	18	19	20	21	22	23	-
1.	1	1	1	1	1	2	2	2	2	3	3	3	4	4	4	5	5	5	6	6	7	8	9	-
2.	2	3	6	7	10	3	7	8	11	4	9	12	5	10	13	6	11	14	7	15	8	9	10	-
3.	4	8	12	16	11	5	13	17	12	6	18	13	7	19	14	8	20	15	9	16	10	11	12	-
4.	9	14	21	17	13	10	22	18	14	11	19	15	12	20	16	13	21	17	14	18	15	16	17	-
5.	15	23	22	19	18	16	23	20	19	17	21	20	18	22	21	19	23	22	20	23	21	22	23	-

„DS 24/24/5" – 24 Zahlen in 24 Fünferreihen

↓ Startreihe: 1,2,4,10,21

WZ	SZ	1	2	3	4	5	6	7	8	9	10	11	12	13	14	15	16	17	18	19	20	21	22	23	24
	1	X	X		X						X											X			
	2		X	X		X						X											X		
	3			X	X		X						X											X	
	4				X	X		X						X											X
	5	X				X	X		X						X										
	6		X				X	X		X						X									
	7			X				X	X		X						X								
	8				X				X	X		X						X							
	9					X				X	X		X						X						
	10						X				X	X		X						X					
	11							X				X	X		X						X				
	12								X				X	X		X						X			
	13									X				X	X		X						X		
	14										X				X	X		X						X	
	15											X				X	X		X						X
	16	X											X				X	X		X					
	17		X											X				X	X		X				
	18			X											X				X	X		X			
	19				X											X				X	X		X		
	20					X											X				X	X		X	
	21						X											X				X	X		X
	22	X						X											X				X	X	
	23		X						X											X				X	X
	24	X		X						X											X				X

DS 24/24/5 – Systemreihen in numm. aufsteigend sortierter Reihenfolge

	1	2	3	4	5	6	7	8	9	10	11	12	13	14	15	16	17	18	19	20	21	22	23	24
1.	1	1	1	1	1	2	2	2	2	3	3	3	4	4	4	5	5	6	6	7	8	9	10	11
2.	2	3	5	7	12	3	6	8	13	4	7	14	5	8	15	9	16	10	17	11	12	13	14	15
3.	4	9	6	18	16	5	7	19	17	6	8	18	7	9	19	10	20	11	21	12	13	14	15	16
4.	10	20	8	22	17	11	9	23	18	12	10	19	13	11	20	12	21	13	22	14	15	16	17	18
5.	21	24	14	23	19	22	15	24	20	23	16	21	24	17	22	18	23	19	24	20	21	22	23	24

„DS 25/25/5" – 25 Zahlen in 25 Fünferreihen

↓ Startreihe: 1,2,4,8,13

SZ ＼ WZ	1	2	3	4	5	6	7	8	9	10	11	12	13	14	15	16	17	18	19	20	21	22	23	24	25
1	X	X		X				X					X												
2		X	X		X				X					X											
3			X	X		X				X					X										
4				X	X		X				X					X									
5					X	X		X				X					X								
6						X	X		X				X					X							
7							X	X		X				X					X						
8								X	X		X				X					X					
9									X	X		X				X					X				
10										X	X		X				X					X			
11											X	X		X				X					X		
12												X	X		X				X					X	
13													X	X		X				X					X
14	X													X	X		X				X				
15		X													X	X		X				X			
16			X													X	X		X				X		
17				X													X	X		X				X	
18					X													X	X		X				X
19	X					X													X	X		X			
20		X					X													X	X		X		
21			X					X													X	X		X	
22				X					X													X	X		X
23	X				X					X													X	X	
24		X				X					X													X	X
25	X		X				X					X													X

DS 25/25/5 – Systemreihen in nummerisch aufsteigend sortierter Reihenfolge

	1	2	3	4	5	6	7	8	9	10	11	12	13	14	15	16	17	18	19	20	21	22	23	24	25	-	-	-	-	-
1.	1	1	1	1	1	2	2	2	2	3	3	3	4	4	4	5	5	6	7	8	9	10	11	12	13	-	-	-	-	-
2.	2	3	5	6	14	3	6	7	15	4	8	16	5	9	17	6	18	7	8	9	10	11	12	13	14	-	-	-	-	-
3.	4	7	10	19	15	5	11	20	16	6	21	17	7	22	18	8	19	9	10	11	12	13	14	15	16	-	-	-	-	-
4.	8	12	23	20	17	9	24	21	18	10	22	19	11	23	20	12	21	13	14	15	16	17	18	19	20	-	-	-	-	-
5.	13	25	24	22	21	14	25	23	22	15	24	23	16	25	24	17	25	18	19	20	21	22	23	24	25	-	-	-	-	-

„DS 26/26/5" – 26 Zahlen in 26 Fünferreihen

↓ Startreihe: 1,2,4,11,22

WZ	SZ	1	2	3	4	5	6	7	8	9	10	11	12	13	14	15	16	17	18	19	20	21	22	23	24	25	26
	1	X	X		X							X											X				
	2		X	X		X							X											X			
	3			X	X		X							X											X		
	4				X	X		X							X											X	
	5					X	X		X							X											X
	6	X					X	X		X							X										
	7		X					X	X		X							X									
	8			X					X	X		X							X								
	9				X					X	X		X							X							
	10					X					X	X		X							X						
	11						X					X	X		X							X					
	12							X					X	X		X							X				
	13								X					X	X		X							X			
	14									X					X	X		X							X		
	15										X					X	X		X							X	
	16											X					X	X		X							X
	17	X											X					X	X		X						
	18		X											X					X	X		X					
	19			X											X					X	X		X				
	20				X											X					X	X		X			
	21					X											X					X	X		X		
	22						X											X					X	X		X	
	23							X											X					X	X		X
	24	X							X											X					X	X	
	25		X							X											X					X	X
	26	X		X							X											X					X

DS 26/26/5 – Systemreihen in nummerisch aufsteigend sortierter Reihenfolge

	1	2	3	4	5	6	7	8	9	10	11	12	13	14	15	16	17	18	19	20	21	22	23	24	25	26	-	-	-	-
1.	1	1	1	1	1	2	2	2	2	3	3	3	4	4	4	5	5	5	6	6	7	7	8	9	10	11	-	-	-	-
2.	2	3	6	8	12	3	7	9	13	4	8	14	5	9	15	6	10	16	11	17	12	18	13	14	15	16	-	-	-	-
3.	4	10	7	19	17	5	8	20	18	6	9	19	7	10	20	8	11	21	12	22	13	23	14	15	16	17	-	-	-	-
4.	11	21	9	24	18	12	10	25	19	13	11	20	14	12	21	15	13	22	14	23	15	24	16	17	18	19	-	-	-	-
5.	22	26	16	25	20	23	17	26	21	24	18	22	25	19	23	26	20	24	21	25	22	26	23	24	25	26	-	-	-	-

„DS 27/27/5" – 27 Zahlen in 27 Fünferreihen

↓ Startreihe: 1,2,4,8,13

WZ/SZ	1	2	3	4	5	6	7	8	9	10	11	12	13	14	15	16	17	18	19	20	21	22	23	24	25	26	27
1	X															X					X				X		X
2	X	X															X					X				X	
3		X	X															X					X				X
4	X		X	X															X					X			
5		X		X	X															X					X		
6			X		X	X															X					X	
7				X		X	X															X					X
8	X				X		X	X															X				
9		X				X		X	X															X			
10			X				X		X	X															X		
11				X				X		X	X															X	
12					X				X		X	X															X
13	X					X				X		X	X														
14		X					X				X		X	X													
15			X					X				X		X	X												
16				X					X				X		X	X											
17					X					X				X		X	X										
18						X					X				X		X	X									
19							X					X				X		X	X								
20								X					X				X		X	X							
21									X					X				X		X	X						
22										X					X				X		X	X					
23											X					X				X		X	X				
24												X					X				X		X	X			
25													X					X				X		X	X		
26														X					X				X		X	X	
27															X					X				X		X	X

DS 27/27/5 – Systemreihen in nummerisch aufsteigend sortierter Reihenfolge

	1	2	3	4	5	6
1.	1	1	1	1	1	2
2.	2	3	5	6	16	3
3.	4	7	10	21	17	5
4.	8	12	25	22	19	9
5.	13	27	26	24	23	14

	7	8	9	10	11	12
1.	2	2	2	3	3	3
2.	6	7	17	4	8	18
3.	11	22	18	6	23	19
4.	26	23	20	10	24	21
5.	27	25	24	15	26	25

	13	14	15	16	17	18
1.	4	4	4	5	5	6
2.	5	9	19	6	20	7
3.	7	24	20	8	21	19
4.	11	25	22	12	23	13
5.	16	27	26	17	27	18

	19	20	21	22	23	24
1.	7	8	9	10	11	12
2.	8	9	10	11	12	13
3.	10	11	12	13	14	15
4.	14	15	16	17	18	19
5.	19	20	21	22	23	24

	25	26	27	-	-	-
1.	13	14	15	-	-	-
2.	14	15	16	-	-	-
3.	16	17	18	-	-	-
4.	20	21	22	-	-	-
5.	25	26	27	-	-	-

„DS 28/28/5" – 28 Zahlen in 28 Fünferreihen

↓ Startreihe: 1,2,4,9,13

SZ	1	2	3	4	5	6	7	8	9	10	11	12	13	14	15	16	17	18	19	20	21	22	23	24	25	26	27	28
1	X																X	X		X					X			
2		X																X	X		X					X		
3			X																X	X		X					X	
4				X																X	X		X					X
5	X				X																X	X		X				
6		X				X																X	X		X			
7			X				X																X	X		X		
8				X				X																X	X		X	
9					X				X																X	X		X
10	X					X				X																X	X	
11		X					X				X																X	X
12	X		X					X				X																X
13	X	X		X					X				X															
14		X	X		X					X				X														
15			X	X		X					X				X													
16				X	X		X					X				X												
17					X	X		X					X				X											
18						X	X		X					X				X										
19							X	X		X					X				X									
20								X	X		X					X				X								
21									X	X		X					X				X							
22										X	X		X					X				X						
23											X	X		X					X				X					
24												X	X		X					X				X				
25													X	X		X					X				X			
26														X	X		X					X				X		
27															X	X		X					X				X	
28																X	X		X					X				X

DS 28/28/5 – Systemreihen in nummerisch aufsteigend sortierter Reihenfolge

	1	2	3	4	5	6	7	8	9	10	11	12	13	14	15	16	17	18	19	20	21	22	23	24	25	26	27	28	-	-
1.	1	1	1	1	1	2	2	2	2	3	3	3	4	4	4	5	5	6	7	8	9	10	11	12	13	14	15	16	-	-
2.	2	3	5	6	17	3	6	7	18	4	7	19	5	8	20	6	9	7	8	9	10	11	12	13	14	15	16	17	-	-
3.	4	8	21	10	18	5	22	11	19	6	23	20	7	24	21	8	25	9	10	11	12	13	14	15	16	17	18	19	-	-
4.	9	12	22	26	20	10	23	27	21	11	24	22	12	25	23	13	26	14	15	16	17	18	19	20	21	22	23	24	-	-
5.	13	28	24	27	25	14	25	28	26	15	26	27	16	27	28	17	28	18	19	20	21	22	23	24	25	26	27	28	-	-

„DS 29/29/5" – 29 Zahlen in 29 Fünferreihen

↓ Startreihe: 1,2,4,10,26

WZ	SZ	1	2	3	4	5	6	7	8	9	10	11	12	13	14	15	16	17	18	19	20	21	22	23	24	25	26	27	28	29
	1	X				X																X						X		X
	2	X	X				X																X						X	
	3		X	X				X																X						X
	4	X		X	X				X																X					
	5		X		X	X				X																X				
	6			X		X	X				X																X			
	7				X		X	X				X																X		
	8					X		X	X				X																X	
	9						X		X	X				X																X
	10	X						X		X	X				X															
	11		X						X		X	X				X														
	12			X						X		X	X				X													
	13				X						X		X	X				X												
	14					X						X		X	X				X											
	15						X						X		X	X				X										
	16							X						X		X	X				X									
	17								X						X		X	X				X								
	18									X						X		X	X				X							
	19										X						X		X	X				X						
	20											X						X		X	X				X					
	21												X						X		X	X				X				
	22													X						X		X	X				X			
	23														X						X		X	X				X		
	24															X						X		X	X				X	
	25																X						X		X	X				X
	26	X																X						X		X	X			
	27		X																X						X		X	X		
	28			X																X						X		X	X	
	29				X																X						X		X	X

DS 29/29/5 – Systemreihen in nummerisch aufsteigend sortierter Reihenfolge

	1	2	3	4	5	6	7	8	9	10	11	12	13	14	15	16	17	18	19	20	21	22	23	24	25	26	27	28	29	-
1.	1	1	1	1	1	2	2	2	2	3	3	3	4	4	4	5	5	6	6	7	8	9	10	11	12	13	14	15	16	-
2.	2	3	5	7	17	3	6	8	18	4	7	19	5	8	20	9	21	10	22	11	12	13	14	15	16	17	18	19	20	-
3.	4	9	6	23	21	5	7	24	22	6	8	23	7	9	24	10	25	11	26	12	13	14	15	16	17	18	19	20	21	-
4.	10	25	8	27	22	11	9	28	23	12	10	24	13	11	25	12	26	13	27	14	15	16	17	18	19	20	21	22	23	-
5.	26	29	14	28	24	27	15	29	25	28	16	26	29	17	27	18	28	19	29	20	21	22	23	24	25	26	27	28	29	-

„DS 30/30/5" – 30 Zahlen in 30 Fünferreihen

↓ Startreihe: 1,2,4,10,15

WZ	SZ	1	2	3	4	5	6	7	8	9	10	11	12	13	14	15	16	17	18	19	20	21	22	23	24	25	26	27	28	29	30
	1	X																X					X						X		X
	2	X	X																X					X						X	
	3		X	X																X					X						X
	4	X		X	X																X					X					
	5		X		X	X																X					X				
	6			X		X	X																X					X			
	7				X		X	X																X					X		
	8					X		X	X																X					X	
	9						X		X	X																X					X
	10	X						X		X	X																X				
	11		X						X		X	X																X			
	12			X						X		X	X																X		
	13				X						X		X	X																X	
	14					X						X		X	X																X
	15	X					X						X		X	X															
	16		X					X						X		X	X														
	17			X					X						X		X	X													
	18				X					X						X		X	X												
	19					X					X						X		X	X											
	20						X					X						X		X	X										
	21							X					X						X		X	X									
	22								X					X						X		X	X								
	23									X					X						X		X	X							
	24										X					X						X		X	X						
	25											X					X						X		X	X					
	26												X					X						X		X	X				
	27													X					X						X		X	X			
	28														X					X						X		X	X		
	29															X					X						X		X	X	
	30																X					X						X		X	X

DS 30/30/5 – Systemreihen in nummerisch aufsteigend sortierter Reihenfolge

	1	2	3	4	5	6	7	8	9	10	11	12	13	14	15	16	17	18	19	20	21	22	23	24	25	26	27	28	29	30
1.	1	1	1	1	1	2	2	2	2	3	3	3	4	4	4	5	5	5	6	6	7	8	9	10	11	12	13	14	15	16
2.	2	3	6	7	17	3	7	8	18	4	8	19	5	9	20	6	10	21	7	11	8	9	10	11	12	13	14	15	16	17
3.	4	9	22	12	18	5	23	13	19	6	24	20	7	25	21	8	26	22	9	27	10	11	12	13	14	15	16	17	18	19
4.	10	14	23	28	20	11	24	29	21	12	25	22	13	26	23	14	27	24	15	28	16	17	18	19	20	21	22	23	24	25
5.	15	30	25	29	26	16	26	30	27	17	27	28	18	28	29	19	29	30	20	30	21	22	23	24	25	26	27	28	29	30

„DS 31/31/5" – 31 Zahlen in 31 Fünferreihen

↓ Startreihe: 1,2,4,13,27

SZ	1	2	3	4	5	6	7	8	9	10	11	12	13	14	15	16	17	18	19	20	21	22	23	24	25	26	27	28	29	30	31
1	X	X	X	X	X																										
2	X					X	X	X	X																						
3		X				X				X	X	X																			
4	X									X			X	X	X																
5						X							X			X	X	X													
6			X							X						X			X	X											
7			X				X						X								X	X									
8							X				X					X							X	X							
9			X								X			X											X	X					
10				X			X							X			X										X				
11								X			X						X		X									X			
12		X										X		X					X										X		
13	X																X				X		X							X	
14						X													X				X		X						X
15					X					X											X				X		X				
16									X				X										X				X	X			
17												X				X									X			X	X		
18			X												X												X		X	X	
19							X											X										X		X	X
20					X						X									X									X		X
21					X				X					X								X								X	
22									X			X					X							X							X
23					X							X			X				X							X					
24				X					X						X			X			X										
25								X				X						X		X			X								
26		X													X					X		X			X						
27	X																	X				X		X			X				
28						X														X				X		X		X			
29				X						X												X				X			X		
30				X				X					X											X						X	
31		X						X								X										X					X

	1	2	3	4	5	6	7	8	9	10	11	12	13	14	15	16	17	18	19	20	21	22	23	24	25	26	27	28	29	30	31
1.	1	1	1	1	1	2	2	2	2	3	3	3	4	4	4	5	5	5	6	6	7	7	8	8	9	9	10	11	12	13	14
2.	2	3	6	10	15	3	7	11	16	4	8	17	5	9	18	6	10	19	11	20	12	21	13	22	14	23	15	16	17	18	19
3.	4	12	7	24	20	5	8	25	21	6	9	22	7	10	23	8	11	24	12	25	13	26	14	27	15	28	16	17	18	19	20
4.	13	26	9	29	21	14	10	30	22	15	11	23	16	12	24	17	13	25	14	26	15	27	16	28	17	29	18	19	20	21	22
5.	27	31	18	30	23	28	19	31	24	29	20	25	30	21	26	31	22	27	23	28	24	29	25	30	26	31	27	28	29	30	31

„DS 32/32/5" – 32 Zahlen in 32 Fünferreihen

↓ Startreihe: 1,2,4,13,26

WZ SZ	1	2	3	4	5	6	7	8	9	10	11	12	13	14	15	16	17	18	19	20	21	22	23	24	25	26	27	28	29	30	31	32
1	X							X												X										X		X
2	X	X					X														X										X	
3		X	X					X														X										X
4	X		X	X					X														X									
5		X		X	X					X														X								
6			X		X	X					X														X							
7				X		X	X					X														X						
8					X		X	X					X														X					
9						X		X	X					X														X				
10							X		X	X					X														X			
11								X		X	X					X														X		
12									X		X	X					X															X
13	X									X		X	X					X														
14		X									X		X	X					X													
15			X									X		X	X					X												
16				X									X		X	X					X											
17					X									X		X	X					X										
18						X									X		X	X					X									
19							X									X		X	X					X								
20								X									X		X	X					X							
21									X									X		X	X					X						
22										X									X		X	X					X					
23											X									X		X	X					X				
24												X									X		X	X					X			
25													X									X		X	X							X
26	X													X									X		X	X						
27		X													X									X		X	X					
28			X													X									X		X	X				
29				X													X									X		X	X			
30					X													X									X		X	X		
31						X													X									X		X	X	
32							X													X									X		X	X

	1	2	3	4	5	6		7	8	9	10	11	12		13	14	15	16	17	18		19	20	21	22	23	24		25	26	27	28	29	30
1.	1	1	1	1	1	2		2	2	2	3	3	3		4	4	4	5	5	5		6	6	6	7	7	7		8	8	9	9	10	11
2.	2	3	8	10	14	3		9	11	15	4	10	16		5	11	17	6	12	18		7	13	19	8	14	20		15	21	16	22	17	18
3.	4	12	9	23	21	5		10	24	22	6	11	23		7	12	24	8	13	25		9	14	26	10	15	27		16	28	17	29	18	19
4.	13	25	11	30	22	14		12	31	23	15	13	24		16	14	25	17	15	26		18	16	27	19	17	28		18	29	19	30	20	21
5.	26	32	20	31	24	27		21	32	25	28	22	26		29	23	27	30	24	28		31	25	29	32	26	30		27	31	28	32	29	30

	31	32	-	-	-	-
1.	20	21	-	-	-	-
2.	22	23	-	-	-	-
3.	31	32	-	-	-	-
4.	12	13	-	-	-	-
5.	19	20	-	-	-	-

Sternzahlen-/Eurozahlen-Kombinationen

Die Gewinnzahlen für EuroMillions und EuroJackpot werden bekanntermaßen aus zwei unterschiedlichen Zahlenbereichen gezogen. Der erste Zahlenbereich mit den 50 Zahlen wird durch die Diagonalsysteme erfasst. Doch was ist mit den Sternzahlen bei EuroMillions bzw. den Eurozahlen beim EuroJackpot? Wie sollen diese gespielt werden, soll auf bei allen Tippreihen nur eine, also immer dieselbe Zahlenkombination angekreuzt werden? Oder sollen auch diese Zahlen kombiniert werden? Diese Frage muss jeder Spieler mit sich selbst ausmachen, wobei anzunehmen ist, dass die meisten Spieler auch diese zusätzlichen Zahlen kombinieren möchten.

In den nachfolgenden Tabellen sind die Kombinationen für alle Eurozahlenbereiche in der Grundform abgebildet. Grundform bedeutet, dass die Zahlen immer mit 1 beginnen und bis zur Anzahl des Zahlbereichs gehen.

Übersicht über alle Kombinationsmöglichkeiten bei 2 bis 6 Stern-/Eurozahlen

2 Zahlen

1	1	2

3 Zahlen

1	1	2
2	1	3
3	2	3

4 Zahlen

1	1	2
2	1	3
3	1	4
4	2	3
5	2	4
6	3	4

5 Zahlen

1	1	2
2	1	3
3	1	4
4	1	5
5	2	3
6	2	4
7	2	5
8	3	4
9	3	5
10	4	5

6 Zahlen

1	1	2
2	1	3
3	1	4
4	1	5
5	1	6
6	2	3
7	2	4
8	2	5
9	2	6
10	3	4
11	3	5
12	3	6
13	4	5
14	4	6
15	5	6

Beispiel für die Umstellung

Man möchte das Diagonalsystem *„DS 15/15/5"* spielen und bei den Eurozahlen nur die geraden Zahlen tippen. Insgesamt gibt es sechs gerade Eurozahlen. Alle Kombinationen, die bei 6 Eurozahlen möglich sind, werden in der obigen Tabelle *„6 Zahlen"* aufgelistet. Für den Austausch müssen nun die Zahlen 1, 2, 3, 4, 5, 6 in dieser Tabelle durch die Zahlen 2, 4, 6, 8, 10, 12 ersetzt werden. Dieser Zahlenaustausch funktioniert genauso wie im vorigen Kapitel beschrieben: Die Zahl 1 wird durch die Zahl 2 ersetzt, die Zahl 2 wird durch die Zahl 4 ersetzt, die Zahl 3 wird durch die Zahl 6 ersetzt, usw. Der komplette Tausch sieht wie folgt aus:

1	2	3	4	5	6	7	8	9	10	11	12	13	14	15
1+2	1+3	1+4	1+5	1+6	2+3	2+4	2+5	2+6	3+4	3+5	3+6	4+5	4+6	5+6
↓	↓	↓	↓	↓	↓	↓	↓	↓	↓	↓	↓	↓	↓	↓
2+4	2+6	2+8	2+10	2+12	4+6	4+8	4+10	4+12	6+8	6+10	6+12	8+10	8+12	10+12

Übersicht über alle Kombinationsmöglichkeiten bei 7 bis 10 Stern-/Eurozahlen

7 Zahlen				8 Zahlen				9 Zahlen				10 Zahlen		
1	1	2		1	1	2		1	1	2		1	1	2
2	1	3		2	1	3		2	1	3		2	1	3
3	1	4		3	1	4		3	1	4		3	1	4
4	1	5		4	1	5		4	1	5		4	1	5
5	1	6		5	1	6		5	1	6		5	1	6
6	1	7		6	1	7		6	1	7		6	1	7
7	2	3		7	1	8		7	1	8		7	1	8
8	2	4		8	2	3		8	1	9		8	1	9
9	2	5		9	2	4		9	2	3		9	1	10
10	2	6		10	2	5		10	2	4		10	2	3
11	2	7		11	2	6		11	2	5		11	2	4
12	3	4		12	2	7		12	2	6		12	2	5
13	3	5		13	2	8		13	2	7		13	2	6
14	3	6		14	3	4		14	2	8		14	2	7
15	3	7		15	3	5		15	2	9		15	2	8
16	4	5		16	3	6		16	3	4		16	2	9
17	4	6		17	3	7		17	3	5		17	2	10
18	4	7		18	3	8		18	3	6		18	3	4
19	5	6		19	4	5		19	3	7		19	3	5
20	5	7		20	4	6		20	3	8		20	3	6
21	6	7		21	4	7		21	3	9		21	3	7
				22	4	8		22	4	5		22	3	8
				23	5	6		23	4	6		23	3	9
				24	5	7		24	4	7		24	3	10
				25	5	8		25	4	8		25	4	5
				26	6	7		26	4	9		26	4	6
				27	6	8		27	5	6		27	4	7
				28	7	8		28	5	7		28	4	8
								29	5	8		29	4	9
								30	5	9		30	4	10
								31	6	7		31	5	6
								32	6	8		32	5	7
								33	6	9		33	5	8
								34	7	8		34	5	9
								35	7	9		35	5	10
								36	8	9		36	6	7
												37	6	8
												38	6	9
												39	6	10
												40	7	8
												41	7	9
												42	7	10
												43	8	9
												44	8	10
												45	9	10

Übersicht über alle Kombinationsmöglichkeiten bei 11 und 12 Stern-/Eurozahlen

11 Zahlen			11 Zahlen			12 Zahlen			12 Zahlen		
1	1	2	34	4	11	1	1	2	34	4	8
2	1	3	35	5	6	2	1	3	35	4	9
3	1	4	36	5	7	3	1	4	36	4	10
4	1	5	37	5	8	4	1	5	37	4	11
5	1	6	38	5	9	5	1	6	38	4	12
6	1	7	39	5	10	6	1	7	39	5	6
7	1	8	40	5	11	7	1	8	40	5	7
8	1	9	41	6	7	8	1	9	41	5	8
9	1	10	42	6	8	9	1	10	42	5	9
10	1	11	43	6	9	10	1	11	43	5	10
11	2	3	44	6	10	11	1	12	44	5	11
12	2	4	45	6	11	12	2	3	45	5	12
13	2	5	46	7	8	13	2	4	46	6	7
14	2	6	47	7	9	14	2	5	47	6	8
15	2	7	48	7	10	15	2	6	48	6	9
16	2	8	49	7	11	16	2	7	49	6	10
17	2	9	50	8	9	17	2	8	50	6	11
18	2	10	51	8	10	18	2	9	51	6	12
19	2	11	52	8	11	19	2	10	52	7	8
20	3	4	53	9	10	20	2	11	53	7	9
21	3	5	54	9	11	21	2	12	54	7	10
22	3	6	55	10	11	22	3	4	55	7	11
23	3	7				23	3	5	56	7	12
24	3	8				24	3	6	57	8	9
25	3	9				25	3	7	58	8	10
26	3	10				26	3	8	59	8	11
27	3	11				27	3	9	60	8	12
28	4	5				28	3	10	61	9	10
29	4	6				29	3	11	62	9	11
30	4	7				30	3	12	63	9	12
31	4	8				31	4	5	64	10	11
32	4	9				32	4	6	65	10	12
33	4	10				33	4	7	66	11	12

Beispiel für die Zuordnung der Stern-/Eurozahlen

Wie man die Stern- bzw. Eurozahlen an die Tippreihen eines Diagonalsystems anbinden kann, wird anhand des Beispiels mit dem System *„DS 28/28/5"* gezeigt. Dieses System mit 28 Tippreihen nehmen wir deshalb, weil man hier alle 28 möglichen Kombinationen bei acht gewählten Euro- bzw. Sternzahlen genau einmal spielen kann. Es spielt aus kombinatorischer Sicht bei den Diagonalsystemen keine Rolle, wohin die Eurozahl-Kombinationen dazugesetzt werden, denn eine Idealanbindung ist bei dieser geringen Tippreihenanzahl ohnehin nicht machbar.

„DS 28/28/5" - 28 Zahlen in 28 Fünferreihen

WZ	SZ	1	2	3	4	5	6	7	8	9	10	11	12	13	14	15	16	17	18	19	20	21	22	23	24	25	26	27	28
1	1	X																X			X					X			X
5	2	X	X																X			X					X		
8	3			X	X															X			X						X
9	4	X		X	X															X			X						
10	5		X		X	X															X			X					
12	6			X		X	X															X			X				
17	7				X		X	X															X			X			
18	8					X		X	X															X					X
19	9	X					X		X	X															X				
21	10		X					X		X	X															X			
23	11			X					X		X	X															X		
24	12				X					X		X	X																X
25	13	X				X					X		X	X															
27	14		X				X					X		X	X														
28	15			X				X					X		X	X													
29	16				X				X					X		X	X												
31	17					X				X					X		X	X											
32	18						X				X					X		X	X										
33	19							X				X					X		X	X									
35	20								X				X					X		X	X								
38	21									X				X					X		X	X							
39	22										X				X					X		X	X						
40	23											X				X					X		X	X					
41	24												X				X					X		X	X				
44	25													X				X					X		X	X			
45	26														X				X					X		X	X		
48	27															X				X					X		X	X	
50	28																X				X					X		X	X

↓	↓	↓	↓	↓	↓	↓	↓	↓	↓	↓	↓	↓	↓	↓	↓	↓	↓	↓	↓	↓	↓	↓	↓	↓	↓	↓	↓
1	5	8	9	10	12	17	18	19	21	23	24	25	27	28	29	1	5	8	9	1	5	8	9	10	1	5	1
5	8	9	10	12	17	18	19	21	23	24	25	27	28	29	31	31	32	33	35	10	12	17	18	19	12	17	8
9	10	12	17	18	19	21	23	24	25	27	28	29	31	32	33	32	33	35	38	38	39	40	41	44	21	23	18
19	21	23	24	25	27	28	29	31	32	33	35	38	39	40	41	35	38	39	40	39	40	41	44	45	45	48	24
25	27	28	29	31	32	33	35	38	39	40	41	44	45	48	50	44	45	48	50	41	44	45	48	50	48	50	50

	↓	↓	↓	↓	↓	↓	↓	↓	↓	↓	↓	↓	↓	↓	↓	↓	↓	↓	↓	↓	↓	↓	↓	↓	↓	↓	↓
1. Eurozahl	1	1	1	1	1	1	1	2	2	2	2	2	2	3	3	3	3	3	4	4	4	4	5	5	5	6	6	7
2. Eurozahl	2	3	4	5	6	7	8	3	4	5	6	7	8	4	5	6	7	8	5	6	7	8	6	7	8	7	8	8

Kapitel

5

Garantietabellen

Die Garantietabellen sind sowohl für EuroMillions als auch für EuroJackpot gültig. Es gibt dabei nur einen kleinen Unterschied: Der Gewinnrang für zwei richtige Gewinnzahlen ohne richtige Sternzahl! Bei EuroMillions wurde dieser Rang im Jahr 2011 neu eingeführt. Bei EuroJackpot hingegen gibt es diesen Gewinnrang nicht. Aus den nachfolgenden Gewinnplan-Tabellen kann abgelesen werden, wie hoch die jeweiligen theoretischen Gewinnquoten pro Rang sind.

Bei den 12 Stern- bzw. Eurozahlen gibt es insgesamt 66 Kombinationsmöglichkeiten. Dass man mit einer Tippreihe eine oder gar beide Zahlen trifft, liegt bei etwas über 30 Prozent. So sind die Chancen im Einzelnen:

Trefferchancen bei 12 Stern- bzw. Eurozahlen

Beide Zahlen sind richtig =	1	:	66	=	1,52 %
Eine Zahl ist richtig =	20	:	66	=	30,30 %
Keine Zahl ist richtig =	45	:	66	=	68,18 %

Gewinnplan EuroMillions

Anzahl richtiger Zahlen und Sternzahlen	Gewinn-rang	Trefferchance 1 zu ...	Ausschüttung Prozent	Ausschüttung in Euro	Anzahl Fälle	Theoretische Gewinnquoten
						92.293.185,60 €
5 Zahlen + 2 Sternzahlen	1. Rang	139.838.160,00000	50,00 %	76.910.988,00 €	1	mind. 17 Mio. €
5 Zahlen + 1 Sternzahl	2. Rang	6.991.908,00000	2,61 %	4.014.753,57 €	20	200.737,60 €
5 Zahlen + 0 Sternzahlen	3. Rang	3.107.514,70000	0,61 %	938.314,05 €	45	20.851,40 €
4 Zahlen + 2 Sternzahlen	4. Rang	621.502,90000	0,19 %	292.261,75 €	225	1.298,90 €
4 Zahlen + 1 Sternzahl	5. Rang	31.075,10000	0,35 %	538.376,92 €	4.500	119,60 €
4 Zahlen + 0 Sternzahlen	7. Rang	13.811,20000	0,26 %	399.937,14 €	10.125	39,40 €
3 Zahlen + 2 Sternzahlen	6. Rang	14.125,10000	0,37 %	569.141,31 €	9.900	57,40 €
3 Zahlen + 1 Sternzahl	9. Rang	706,25300	1,45 %	2.230.418,65 €	198.000	11,20 €
3 Zahlen + 0 Sternzahlen	10. Rang	313,89000	2,70 %	4.153.193,35 €	445.500	9,30 €
2 Zahlen + 2 Sternzahlen	8. Rang	985,47000	1,30 %	1.999.685,69 €	141.900	14,00 €
2 Zahlen + 1 Sternzahl	12. Rang	49,27350	10,30 %	15.843.663,52 €	2.838.000	5,50 €
2 Zahlen + 0 Sternzahlen	13. Rang	21,89930	16,59 %	25.519.065,81 €	6.385.500	3,90 €
1 Zahl + 2 Sternzahlen	11. Rang	187,70900	3,27 %	5.029.978,62 €	744.975	6,70 €
1 Zahl + 1 Sternzahl	kein Gewinn	9,38543	0,00 %	0,00 €	14.899.500	0,00 €
1 Zahl + 0 Sternzahlen	kein Gewinn	4,17130	0,00 %	0,00 €	33.523.875	0,00 €
0 Zahlen + 2 Sternzahlen	kein Gewinn	114,45600	0,00 %	0,00 €	1.221.759	0,00 €
0 Zahlen + 1 Sternzahl	kein Gewinn	5,72282	0,00 %	0,00 €	24.435.180	0,00 €
0 Zahlen + 0 Sternzahlen	kein Gewinn	2,54348	0,00 %	0,00 €	54.979.155	0,00 €
Einsatz: 2,50 Euro/Tipp		Auszahlung	90,00 %	138.439.778,40 €		
Schweiz: 3,00 CHF/Tipp		Booster-Fond	10,00 %	15.382.197,60 €		
Gültig ab Febr. 2020		Gesamt	100,00 %	153.821.976,00 €		

Die Regelungen für die Gewinnausschüttung sind bei „EuroMillions" sehr komplex und kompliziert. Es gibt außerdem etliche nationale Zusatz-Auslosungen. Beispielsweise gibt es in der Schweiz für 0,50 CHF Mehreinsatz die Teilnahme an einer zusätzlichen 2. Chance-Ziehung. In den ersten 5 Veranstaltungen eines Jackpot-Zyklus fließen 50 % der Auszahlung in den 1. Rang, danach 42 %. Gleichermaßen verhält es sich mit dem „Boosterfonds". Zuerst 10 %, danach 18 %. Ab dem 200 Millionen-Jackpot steigert sich dieser wöchentlich fix um 10 Millionen, bis max. 250 Millionen. Der Boosterfonds ist eine Art Reservekonto, um die garantierte Mindestgewinnsumme von 17 Millionen gewähren zu können. Den bis dato höchsten Gewinn in der EuroMillions gewann ein Spieler in Österreich am 08.12.2023: 240 Millionen Euro - Herzlichen Glückwunsch!

Gewinnplan EuroJackpot

Anzahl richtiger Zahlen und Eurozahlen	Gewinn-rang	Trefferchance 1 zu …	Ausschüttung Prozent	Ausschüttung in Euro *)	Anzahl Fälle	Theoretische Gewinnquoten
5 Zahlen + 2 Eurozahlen	1. Rang	139.838.160,00000	36,00 %	50.341.737,60 €	1	62.927.172,00 € mind. 10 Mio. €
5 Zahlen + 1 Eurozahl	2. Rang	6.991.908,00000	8,60 %	12.026.081,80 €	20	601.304,00 €
5 Zahlen + 0 Eurozahlen	3. Rang	3.107.514,70000	4,85 %	6.782.150,76 €	45	150.714,40 €
4 Zahlen + 2 Eurozahlen	4. Rang	621.502,90000	0,80 %	1.118.705,28 €	225	4.972,00 €
4 Zahlen + 1 Eurozahl	5. Rang	31.075,10000	1,00 %	1.398.381,60 €	4.500	310,70 €
4 Zahlen + 0 Eurozahlen	7. Rang	13.811,20000	0,80 %	1.118.705,28 €	10.125	110,40 €
3 Zahlen + 2 Eurozahlen	6. Rang	14.125,10000	1,10 %	1.538.219,76 €	9.900	155,30 €
3 Zahlen + 1 Eurozahl	9. Rang	706,25300	2,85 %	3.985.387,56 €	198.000	20,10 €
3 Zahlen + 0 Eurozahlen	10. Rang	313,89000	5,40 %	7.551.260,64 €	445.500	16,90 €
2 Zahlen + 2 Eurozahlen	8. Rang	985,47000	2,55 %	3.565.873,08 €	141.900	25,10 €
2 Zahlen + 1 Eurozahl	12. Rang	49,27350	20,30 %	28.387.146,48 €	2.838.000	10,00 €
2 Zahlen + 0 Eurozahlen	kein Gewinn	21,89930	0,00 %	0,00 €	6.385.500	0,00 €
1 Zahl + 2 Eurozahlen	11. Rang	187,70900	6,75 %	9.439.075,80 €	744.975	12,60 €
1 Zahl + 1 Eurozahl	kein Gewinn	9,38543	0,00 %	0,00 €	14.899.500	0,00 €
1 Zahl + 0 Eurozahlen	kein Gewinn	4,17130	0,00 %	0,00 €	33.523.875	0,00 €
0 Zahlen + 2 Eurozahlen	kein Gewinn	114,45600	0,00 %	0,00 €	1.221.759	0,00 €
0 Zahlen + 1 Eurozahl	kein Gewinn	5,72282	0,00 %	0,00 €	24.435.180	0,00 €
0 Zahlen + 0 Eurozahlen	kein Gewinn	2,54348	0,00 %	0,00 €	54.979.155	0,00 €
Einsatz: 2,00 Euro/Tipp		Auszahlung	91,00 %	127.252.725,64 €		
		Booster-Fond	9,00 %	12.585.434,40 €		
Gültig ab 25.03.2022		Gesamt	100,00 %	139.838.160,00 €		

*) In der ersten Gewinnklasse wird eine Ausschüttung von 10 Millionen garantiert. Reichen die Spieleinnahmen dafür nicht aus, wird die Ausschüttung aus dem „Boosterfonds" aufgefüllt. Eine Tippreihe kostet 2,00 Euro, in Deutschland kommen Gebühren für den Tippschein hinzu, die Höhe hängt ab, in welchem Bundesland man spielt.

Gegenüberstellung der Gewinnpläne von EuroMillions und EuroJackpot

Bei beiden Lotterien werden 50 % der Spieleinsätze als Gewinne wieder ausgeschüttet. Besonders bevorzugt werden dabei der 1. Rang und der unterste Gewinnrang. Aber es wird nicht die gesamte vorgesehene Ausschüttungssumme sofort ausbezahlt! Bei EuroMillions fließen 10 %, bei EuroJackpot 9 % in die so genannten „Booster-Fonds". Rundungsreste bei den Quoten und nicht abgeholte Gewinne fließen ebenfalls in dieses spezielle Reservekonto.

Aufgrund der letzten Änderungen am Spielplan beim EuroJackpot haben sich die Unterschiede zwischen den beiden Lotterien stark abgebaut. Der größte Unterschied ist nun, dass es beim EuroJackpot bei 2 Richtigen ohne richtige Eurozahl im Gegensatz zu EuroMillions nichts gibt. Dafür sind im EuroJackpot die theoretischen Gewinnquoten in vielen Rängen deutlich höher.

Anzahl richtiger Zahlen und richtiger Stern- bzw. Eurozahlen	EuroMillions Gewinnrang	EuroJackpot Gewinnrang	Trefferchancen 1 zu …	EuroMillions Theoretische Gewinnquoten	EuroJackpot Theoretische Gewinnquoten
5 Zahlen + 2 Extrazahlen	1. Rang	1. Rang	139.838.160,00	92.293.185,60 € mind. 17 Mio. €	62.927.172,00 € mind. 10 Mio. €
5 Zahlen + 1 Extrazahl	2. Rang	2. Rang	6.991.908,00	200.737,60 €	601.304,00 €
5 Zahlen + 0 Extrazahlen	3. Rang	3. Rang	3.107.514,70	20.851,40 €	150.714,40 €
4 Zahlen + 2 Extrazahlen	4. Rang	4. Rang	621.502,90	1.298,90 €	4.972,00 €
4 Zahlen + 1 Extrazahl	5. Rang	5. Rang	31.075,10	119,60 €	310,70 €
4 Zahlen + 0 Extrazahlen	7. Rang	7. Rang	13.811,20	39,40 €	110,40 €
3 Zahlen + 2 Extrazahlen	6. Rang	6. Rang	14.125,10	57,40 €	155,30 €
3 Zahlen + 1 Extrazahl	9. Rang	9. Rang	706,2530	11,20 €	20,10 €
3 Zahlen + 0 Extrazahlen	10. Rang	10. Rang	313,8900	9,30 €	16,90 €
2 Zahlen + 2 Extrazahlen	8. Rang	8. Rang	985,4700	14,00 €	25,10 €
2 Zahlen + 1 Extrazahl	12. Rang	12. Rang	49,2735	5,50 €	10,00 €
2 Zahlen + 0 Extrazahlen	13. Rang	-	21,8993	3,90 €	0,00 €
1 Zahlen + 2 Extrazahlen	11. Rang	11. Rang	187,7090	6,70 €	12,60 €

Garantietabelle für „DS 6/6/5" – 6 Zahlen in 6 Fünferreihen

Richtige Gew.Zhl.		5+✿✿	5+✿	5-er	4+✿✿	4+✿	4-er	3+✿✿	3+✿	3-er	2+✿✿	2+✿	2-er *)	1+✿✿	Anzahl Fälle	Chancen Prozent
5+✿✿	immer	1	-	-	5	-	-	-	-	-	-	-	-	-	6	100,00 %
5+✿	immer	-	1	-	-	5	-	-	-	-	-	-	-	-	6	100,00 %
5-er	immer	-	-	1	-	-	5	-	-	-	-	-	-	-	6	100,00 %
4+✿✿	immer	-	-	-	2	-	-	4	-	-	-	-	-	-	15	100,00 %
4+✿	immer	-	-	-	-	2	-	-	4	-	-	-	-	-	15	100,00 %
4-er	immer	-	-	-	-	-	2	-	-	4	-	-	-	-	15	100,00 %
3+✿✿	immer	-	-	-	-	-	-	3	-	-	3	-	-	-	20	100,00 %
3+✿	immer	-	-	-	-	-	-	3	-	-	3	-	-	20	100,00 %
3-er	immer	-	-	-	-	-	-	-	3	-	-	3	-	-	20	100,00 %
2+✿✿	immer	-	-	-	-	-	-	-	-	-	4	-	-	2	15	100,00 %
2+✿	immer	-	-	-	-	-	-	-	-	-	-	4	-	-	15	100,00 %
2-er *)	immer	-	-	-	-	-	-	-	-	-	-	-	4	-	15	100,00 %
1+✿✿	immer	-	-	-	-	-	-	-	-	-	-	-	-	5	6	100,00 %

*) Den Gewinnrang für zwei richtige Zahlen ohne richtige Sternzahl gibt es nur bei EuroMillions, bei EuroJackpot nicht!

Garantietabelle für „DS 7/7/5" – 7 Zahlen in 7 Fünferreihen

Richtige Gew.Zhl.		5+ ✪✪	5+ ✪	5 -er	4+ ✪✪	4+ ✪	4 -er	3+ ✪✪	3+ ✪	3 -er	2+ ✪✪	2+ ✪	2-er *)	1+ ✪✪	Anzahl Fälle	Chancen Prozent
5+✪✪	entw.	1	-	-	2	-	-	4	-	-	-	-	-	-	7	33,33 %
	oder	-	-	-	4	-	-	3	-	-	-	-	-	-	14	66,67 %
															21	100,00 %
5+✪	entw.	-	1	-	-	2	-	-	4	-	-	-	-	-	7	33,33 %
	oder	-	-	-	-	4	-	-	3	-	-	-	-	-	14	66,67 %
															21	100,00 %
5-er	entw.	-	-	1	-	-	2	-	-	4	-	-	-	-	7	33,33 %
	oder	-	-	-	-	-	4	-	-	3	-	-	-	-	14	66,67 %
															21	100,00 %
4+✪✪	entw.	-	-	-	1-2	-	-	2-4	-	-	2-3	-	-	-	28	80,00 %
	oder	-	-	-	-	-	-	6	-	-	1	-	-	-	7	20,00 %
															35	100,00 %
4+✪	entw.	-	-	-	-	1-2	-	-	2-4	-	-	2-3	-	-	28	80,00 %
	oder	-	-	-	-	-	-	-	6	-	-	1	-	-	7	20,00 %
															35	100,00 %
4-er	entw.	-	-	-	-	-	1-2	-	-	2-4	-	-	2-3	-	28	80,00 %
	oder	-	-	-	-	-	-	-	-	6	-	-	1	-	7	20,00 %
															35	100,00 %
3+✪✪	immer	-	-	-	-	-	-	1-3	-	-	2-6	-	-	0-2	35	100,00 %
3+✪	immer	-	-	-	-	-	-	-	1-3	-	-	2-6	-	-	35	100,00 %
3-er	immer	-	-	-	-	-	-	-	-	1-3	-	-	2-6	-	35	100,00 %
2+✪✪	immer	-	-	-	-	-	-	-	-	-	3-4	-	-	2-4	21	100,00 %
2+✪	immer	-	-	-	-	-	-	-	-	-	-	3-4	-	-	21	100,00 %
2-er *)	immer	-	-	-	-	-	-	-	-	-	-	-	3-4	-	21	100,00 %
1+✪✪	immer	-	-	-	-	-	-	-	-	-	-	-	-	5	7	100,00 %

*) Den Gewinnrang für zwei richtige Zahlen ohne richtige Sternzahl gibt es nur bei EuroMillions, bei EuroJackpot nicht!

Garantietabelle für „DS 8/8/5" – 8 Zahlen in 8 Fünferreihen

Richtige Gew.Zhl.		5+ ✪✪	5+ ✪	5 -er	4+ ✪✪	4+ ✪	4 -er	3+ ✪✪	3+ ✪	3 -er	2+ ✪✪	2+ ✪	2-er *)	1+ ✪✪	Anzahl Fälle	Chancen Prozent
5+✪✪	entw.	1	-	-	-	-	-	6	-	-	1	-	-	-	8	14,28 %
	oder	-	-	-	2-3	-	-	3-5	-	-	1-2	-	-	-	48	85,71 %
															56	100,00 %
5+✪	entw.	-	1	-	-	-	-	-	6	-	-	1	-	-	8	14,28 %
	oder	-	-	-	-	2-3	-	-	3-5	-	-	1-2	-	-	48	85,71 %
															56	100,00 %
5-er	entw.	-	-	1	-	-	-	-	-	6	-	-	1	-	8	14,28 %
	oder	-	-	-	-	-	2-3	-	-	3-5	-	-	1-2	-	48	85,71 %
															56	100,00 %
4+✪✪	entw.	-	-	-	1	-	-	2-3	-	-	3-5	-	-	0-1	40	57,14 %
	oder	-	-	-	-	-	-	4-5	-	-	2-4	-	-	0-1	30	42,86 %
															70	100,00 %
4+✪	entw.	-	-	-	-	1	-	-	2-3	-	-	3-5	-	-	40	57,14 %
	oder	-	-	-	-	-	-	-	4-5	-	-	2-4	-	-	30	42,86 %
															70	100,00 %
4-er	entw.	-	-	-	-	-	1	-	-	2-3	-	-	3-5	-	40	57,14 %
	oder	-	-	-	-	-	-	-	-	4-5	-	-	2-4	-	30	42,86 %
															70	100,00 %
3+✪✪	immer	-	-	-	-	-	-	1-2	-	-	3-6	-	-	0-3	56	100,00 %
3+✪	immer	-	-	-	-	-	-	-	1-2	-	-	3-6	-	-	56	100,00 %
3-er	immer	-	-	-	-	-	-	-	-	1-2	-	-	3-6	-	56	100,00 %
2+✪✪	immer	-	-	-	-	-	-	-	-	-	2-3	-	-	4-6	28	100,00 %
2+✪	immer	-	-	-	-	-	-	-	-	-	-	2-3	-	-	28	100,00 %
2-er *)	immer	-	-	-	-	-	-	-	-	-	-	-	2-3	-	28	100,00 %
1+✪✪	immer	-	-	-	-	-	-	-	-	-	-	-	-	5	8	100,00 %

*) Den Gewinnrang für zwei richtige Zahlen ohne richtige Sternzahl gibt es nur bei EuroMillions, bei EuroJackpot nicht!

Garantietabelle für „DS 9/9/5" – 9 Zahlen in 9 Fünferreihen

Richtige Gew.Zhl.		5+ ✿✿	5+ ✿	5 -er	4+ ✿✿	4+ ✿	4 -er	3+ ✿✿	3+ ✿	3 -er	2+ ✿✿	2+ ✿	2-er *)	1+ ✿✿	Anzahl Fälle	Chancen Prozent
5+✿✿	entw.	1	-	-	-	-	-	4	-	-	4	-	-	-	9	7,15 %
	oder	-	-	-	1-2	-	-	3-6	-	-	1-4	-	-	0-1	108	85,72 %
	oder	-	-	-	-	-	-	7	-	-	2	-	-	-	9	7,15 %
															126	**100,00 %**
5+✿	entw.	-	1	-	-	-	-	4	-	-	4	-	-		9	7,15 %
	oder	-	-	-	-	1-2	-	-	3-6	-	-	1-4	-		108	85,72 %
	oder	-	-	-	-	-	-	-	7	-	-	2	-		9	7,15 %
															126	**100,00 %**
5-er	entw.	-	-	1	-	-	-	-	4	-	-	4	-		9	7,15 %
	oder	-	-	-	-	-	1-2	-	-	3-6	-	-	1-4		108	85,72 %
	oder	-	-	-	-	-	-	-	-	7	-	-	2		9	7,15 %
															126	**100,00 %**
4+✿✿	entw.	-	-	-	1	-	-	1-2	-	-	4-6	-	-	1-2	45	35,71 %
	oder	-	-	-	-	-	-	2-4	-	-	3-7	-	-	0-2	81	64,28 %
															126	**100,00 %**
4+✿	entw.	-	-	-	-	1	-	-	1-2	-	-	4-6	-		45	35,71 %
	oder	-	-	-	-	-	-	-	2-4	-	-	3-7	-		81	64,28 %
															126	**100,00 %**
4-er	entw.	-	-	-	-	-	1	-	-	1-2	-	-	4-6		45	35,71 %
	oder	-	-	-	-	-	-	-	-	2-4	-	-	3-7		81	64,28 %
															126	**100,00 %**
3+✿✿	entw.	-	-	-	-	-	-	1-3	-	-	0-5	-	-	2-6	75	89,28 %
	oder	-	-	-	-	-	-	-	-	-	6	-	-	3	9	10,71 %
															84	**100,00 %**
3+✿	entw.	-	-	-	-	-	-	-	1-3	-	-	0-5	-		75	89,28 %
	oder	-	-	-	-	-	-	-	-	-	-	6	-		9	10,71 %
															84	**100,00 %**
3-er	entw.	-	-	-	-	-	-	-	-	1-3	-	-	0-5		75	89,28 %
	oder	-	-	-	-	-	-	-	-	-	-	-	6		9	10,71 %
															84	**100,00 %**
2+✿✿	immer	-	-	-	-	-	-	-	-	-	2-3	-	-	4-6	**36**	**100,00 %**
2+✿	immer	-	-	-	-	-	-	-	-	-	-	2-3	-		**36**	**100,00 %**
2-er *)	immer	-	-	-	-	-	-	-	-	-	-	-	2-3		**36**	**100,00 %**
1+✿✿	immer	-	-	-	-	-	-	-	-	-	-	-	-	5	**9**	**100,00 %**

*) Den Gewinnrang für zwei richtige Zahlen ohne richtige Sternzahl gibt es nur bei EuroMillions, bei EuroJackpot nicht!

Garantietabelle für „DS 10/10/5" – 10 Zahlen in 10 Fünferreihen

Richtige Gew.Zhl.		5+ ✪✪	5+ ✪	5 -er	4+ ✪✪	4+ ✪	4 -er	3+ ✪✪	3+ ✪	3 -er	2+ ✪✪	2+ ✪	2-er *)	1+ ✪✪	Anzahl Fälle	Chancen Prozent
5+✪✪	entw.	1	-	-	-	-	-	2	-	-	7	-	-	-	10	3,97 %
	oder	-	-	-	1-2	-	-	2-5	-	-	2-6	-	0-2	-	210	83,33 %
	oder	-	-	-	-	-	-	5-7	-	-	2-5	-	0-1	-	32	12,70 %
															252	**100,00 %**
5+✪	entw.	-	1	-	-	-	-	-	2	-	-	7	-	-	10	3,97 %
	oder	-	-	-	-	1-2	-	-	2-5	-	-	2-6	-	-	210	83,33 %
	oder	-	-	-	-	-	-	-	5-7	-	-	2-5	-	-	32	12,70 %
															252	**100,00 %**
5-er	entw.	-	-	1	-	-	-	-	-	2	-	-	7	-	10	3,97 %
	oder	-	-	-	-	-	1-2	-	-	2-5	-	-	2-6	-	210	83,33 %
	oder	-	-	-	-	-	-	-	-	5-7	-	-	2-5	-	32	12,70 %
															252	**100,00 %**
4+✪✪	entw.	-	-	-	1	-	-	0-1	-	-	5-7	-	-	2-3	50	23,81 %
	oder	-	-	-	-	-	-	2-4	-	-	2-7	-	-	0-4	160	76,19 %
															210	**100,00 %**
4+✪	entw.	-	-	-	-	1	-	-	0-1	-	-	5-7	-	-	50	23,81 %
	oder	-	-	-	-	-	-	-	2-4	-	-	2-7	-	-	160	76,19 %
															210	**100,00 %**
4-er	entw.	-	-	-	-	-	1	-	-	0-1	-	-	5-7	-	50	23,81 %
	oder	-	-	-	-	-	-	-	-	2-4	-	-	2-7	-	160	76,19 %
															210	**100,00 %**
3+✪✪	entw.	-	-	-	-	-	-	1-2	-	-	1-5	-	-	2-7	90	75,00 %
	oder	-	-	-	-	-	-	-	-	-	6	-	-	3	30	25,00 %
															120	**100,00 %**
3+✪	entw.	-	-	-	-	-	-	-	1-2	-	-	1-5	-	-	90	75,00 %
	oder	-	-	-	-	-	-	-	-	-	-	6	-	-	30	25,00 %
															120	**100,00 %**
3-er	entw.	-	-	-	-	-	-	-	-	1-2	-	-	1-5	-	90	75,00 %
	oder	-	-	-	-	-	-	-	-	-	-	-	6	-	30	25,00 %
															120	**100,00 %**
2+✪✪	immer	-	-	-	-	-	-	-	-	-	2-3	-	-	4-6	**45**	**100,00 %**
2+✪	immer	-	-	-	-	-	-	-	-	-	-	2-3	-	-	**45**	**100,00 %**
2-er *)	immer	-	-	-	-	-	-	-	-	-	-	-	2-3	-	**45**	**100,00 %**
1+✪✪	immer	-	-	-	-	-	-	-	-	-	-	-	-	5	**10**	**100,00 %**

*) Den Gewinnrang für zwei richtige Zahlen ohne richtige Sternzahl gibt es nur bei EuroMillions, bei EuroJackpot nicht!

Garantietabelle für „DS 11/11/5" – 11 Zahlen in 11 Fünferreihen

Richtige Gew.Zhl.		5+ ✪✪	5+ ✪	5 -er	4+ ✪✪	4+ ✪	4 -er	3+ ✪✪	3+ ✪	3 -er	2+ ✪✪	2+ ✪	2-er *)	1+ ✪✪	Anzahl Fälle	Chancen Prozent
5+✪✪	entw.	1	-	-	-	-	-	-	-	-	10	-	-	-	11	2,38 %
	oder	-	-	-	1	-	-	3	-	-	5	-	-	2	330	71,43 %
	oder	-	-	-	-	-	-	5-6	-	-	2-5	-	-	0-3	121	26,19 %
															462	**100,00 %**
5+✪	entw.	-	1	-	-	-	-	-	-	-	10	-	-		11	2,38 %
	oder	-	-	-	-	1	-	-	3	-	5	-	-		330	71,43 %
	oder	-	-	-	-	-	-	-	5-6	-	2-5	-	-		121	26,19 %
															462	**100,00 %**
5-er	entw.	-	-	1	-	-	-	-	-	-	-	-	10	-	11	2,38 %
	oder	-	-	-	-	-	1	-	-	3	-	-	5	-	330	71,43 %
	oder	-	-	-	-	-	-	-	-	5-6	-	-	2-5	-	121	26,19 %
															462	**100,00 %**
4+✪✪	entw.	-	-	-	1	-	-	-	-	-	6	-	-	4	55	16,67 %
	oder	-	-	-	-	-	-	2-3	-	-	3-6	-	-	2-5	275	83,33 %
															330	**100,00 %**
4+✪	entw.	-	-	-	-	1	-	-	-	-	6	-	-		55	16,67 %
	oder	-	-	-	-	-	-	-	2-3	-	3-6	-	-		275	83,33 %
															330	**100,00 %**
4-er	entw.	-	-	-	-	-	1	-	-	-	-	6	-		55	16,67 %
	oder	-	-	-	-	-	-	-	-	2-3	-	3-6	-		275	83,33 %
															330	**100,00 %**
3+✪✪	entw.	-	-	-	-	-	-	1	-	-	3	-	-	6	110	66,67 %
	oder	-	-	-	-	-	-	-	-	-	6	-	-	3	55	33,33 %
															165	**100,00 %**
3+✪	entw.	-	-	-	-	-	-	-	1	-	3	-	-		110	66,67 %
	oder	-	-	-	-	-	-	-	-	-	6	-	-		55	33,33 %
															165	**100,00 %**
3-er	entw.	-	-	-	-	-	-	-	-	1	-	3	-		110	66,67 %
	oder	-	-	-	-	-	-	-	-	-	-	6	-		55	33,33 %
															165	**100,00 %**
2+✪✪	immer	-	-	-	-	-	-	-	-	-	2	-	-	6	55	100,00 %
2+✪	immer	-	-	-	-	-	-	-	-	-	-	2	-		55	100,00 %
2-er *)	immer	-	-	-	-	-	-	-	-	-	-	-	2	-	55	100,00 %
1+✪✪	immer	-	-	-	-	-	-	-	-	-	-	-	-	5	11	100,00 %

*) Den Gewinnrang für zwei richtige Zahlen ohne richtige Sternzahl gibt es nur bei EuroMillions, bei EuroJackpot nicht!

Garantietabelle für „DS 12/12/5" – 12 Zahlen in 12 Fünferreihen

Richtige Gew.Zhl.		5+ ✪✪	5+ ✪	5 -er	4+ ✪✪	4+ ✪	4 -er	3+ ✪✪	3+ ✪	3 -er	2+ ✪✪	2+ ✪	2-er *)	1+ ✪✪	Anzahl Fälle	Chancen Prozent
5+✪✪	entw.	1	-	-	-	-	-	-	-	-	9	-	-	2	12	1,52 %
	oder	-	-	-	1	-	-	1-4	-	-	2-8	-	-	1-5	420	53,03 %
	oder	-	-	-	-	-	-	3-5	-	-	3-8	-	-	0-4	360	45,45 %
															792	**100,00 %**
5+✪	entw.	-	1	-	-	-	-	-	-	-	9	-	-		12	1,52 %
	oder	-	-	-	-	1	-	1-4	-	-	2-8	-	-		420	53,03 %
	oder	-	-	-	-	-	-	3-5	-	-	3-8	-	-		360	45,45 %
															792	**100,00 %**
5-er	entw.	-	-	1	-	-	-	-	-	-		9	-		12	1,52 %
	oder	-	-	-	-	-	1	-	1-4	-		2-8	-		420	53,03 %
	oder	-	-	-	-	-	-	-	3-5	-		3-8	-		360	45,45 %
															792	**100,00 %**
4+✪✪	entw.	-	-	-	1	-	-	-	-	-	5-6	-	-	4-6	60	12,12 %
	oder	-	-	-	-	-	-	1-4	-	-	0-8	-	-	1-8	435	87,88 %
															495	**100,00 %**
4+✪	entw.	-	-	-	-	1	-	-	-	-	5-6	-	-		60	12,12 %
	oder	-	-	-	-	-	-	1-4	-	-	0-8	-	-		435	87,88 %
															495	**100,00 %**
4-er	entw.	-	-	-	-	-	1	-	-	-		5-6	-		60	12,12 %
	oder	-	-	-	-	-	-	-	1-4	-		0-8	-		435	87,88 %
															495	**100,00 %**
3+✪✪	entw.	-	-	-	-	-	1	-	-	-	2-3	-	-	6-8	120	54,55 %
	oder	-	-	-	-	-	-	-	-	-	4-6	-	-	3-7	100	45,45 %
															220	**100,00 %**
3+✪	entw.	-	-	-	-	-	-	1	-	-	2-3	-	-		120	54,55 %
	oder	-	-	-	-	-	-	-	-	-	4-6	-	-		100	45,45 %
															220	**100,00 %**
3-er	entw.	-	-	-	-	-	-	-	1	-		2-3	-		120	54,55 %
	oder	-	-	-	-	-	-	-	-	-		4-6	-		100	45,45 %
															220	**100,00 %**
2+✪✪	immer	-	-	-	-	-	-	-	-	-	1-2	-	-	6-8	**66**	**100,00 %**
2+✪	immer	-	-	-	-	-	-	-	-	-	1-2	-	-		**66**	**100,00 %**
2-er *)	immer	-	-	-	-	-	-	-	-	-		1-2	-		**66**	**100,00 %**
1+✪✪	immer	-	-	-	-	-	-	-	-	-			-	5	**12**	**100,00 %**

*) Den Gewinnrang für zwei richtige Zahlen ohne richtige Sternzahl gibt es nur bei EuroMillions, bei EuroJackpot nicht!

Garantietabelle für „DS 13/13/5" – 13 Zahlen in 13 Fünferreihen

Richtige Gew.Zhl.		5+ ✪✪	5+ ✪	5 -er	4+ ✪✪	4+ ✪	4 -er	3+ ✪✪	3+ ✪	3 -er	2+ ✪✪	2+ ✪	2-er *)	1+ ✪✪	Anzahl Fälle	Chancen Prozent
5+✪✪	entw.	1	-	-	-	-	-	-	-	-	8	-	-	4	13	1,01 %
	oder	-	-	-	1	-	-	0-4	-	-	1-9	-	-	1-7	520	40,40 %
	oder	-	-	-	-	-	-	2-5	-	-	2-9	-	-	0-6	754	58,59 %
															1.287	**100,00 %**
5+✪	entw.	-	1	-	-	-	-	-	-	-	-	8	-	-	13	1,01 %
	oder	-	-	-	-	1	-	-	0-4	-	-	1-9	-	-	520	40,40 %
	oder	-	-	-	-	-	-	-	2-5	-	-	2-9	-	-	754	58,59 %
															1.287	**100,00 %**
5-er	entw.	-	-	1	-	-	-	-	-	-	-	-	8	-	13	1,01 %
	oder	-	-	-	-	-	1	-	-	0-4	-	-	1-9	-	520	40,40 %
	oder	-	-	-	-	-	-	-	-	2-5	-	-	2-9	-	754	58,59 %
															1.287	**100,00 %**
4+✪✪	entw.	-	-	-	1	-	-	-	-	-	4-6	-	-	4-8	65	9,09 %
	oder	-	-	-	-	-	-	1-3	-	-	2-8	-	-	1-8	637	89,09 %
	oder	-	-	-	-	-	-	-	-	-	8	-	-	4	13	1,82 %
															715	**100,00 %**
4+✪	entw.	-	-	-	-	1	-	-	-	-	-	4-6	-	-	65	9,09 %
	oder	-	-	-	-	-	-	-	1-3	-	-	2-8	-	-	637	89,09 %
	oder	-	-	-	-	-	-	-	-	-	-	8	-	-	13	1,82 %
															715	**100,00 %**
4-er	entw.	-	-	-	-	-	1	-	-	-	-	-	4-6	-	65	9,09 %
	oder	-	-	-	-	-	-	-	-	1-3	-	-	2-8	-	637	89,09 %
	oder	-	-	-	-	-	-	-	-	-	-	-	8	-	13	1,82 %
															715	**100,00 %**
3+✪✪	entw.	-	-	-	-	-	-	1	-	-	1-3	-	-	6-10	130	45,45 %
	oder	-	-	-	-	-	-	-	-	-	4-6	-	-	3-7	156	54,55 %
															286	**100,00 %**
3+✪	entw.	-	-	-	-	-	-	-	1	-	-	1-3	-	-	130	45,45 %
	oder	-	-	-	-	-	-	-	-	-	-	4-6	-	-	156	54,55 %
															286	**100,00 %**
3-er	entw.	-	-	-	-	-	-	-	-	1	-	-	1-3	-	130	45,45 %
	oder	-	-	-	-	-	-	-	-	-	-	-	4-6	-	156	54,55 %
															286	**100,00 %**
2+✪✪	immer	-	-	-	-	-	-	-	-	-	1-2	-	-	6-8	**78**	**100,00 %**
2+✪	immer	-	-	-	-	-	-	-	-	-	-	1-2	-	-	**78**	**100,00 %**
2-er *)	immer	-	-	-	-	-	-	-	-	-	-	-	1-2	-	**78**	**100,00 %**
1+✪✪	immer	-	-	-	-	-	-	-	-	-	-	-	-	5	**13**	**100,00 %**

*) Den Gewinnrang für zwei richtige Zahlen ohne richtige Sternzahl gibt es nur bei EuroMillions, bei EuroJackpot nicht!

Garantietabelle für „DS 14/14/5" – 14 Zahlen in 14 Fünferreihen

Richtige Gew.Zhl.		5+ ✪✪	5+ ✪	5 -er	4+ ✪✪	4+ ✪	4 -er	3+ ✪✪	3+ ✪	3 -er	2+ ✪✪	2+ ✪	2-er *)	1+ ✪✪	Anzahl Fälle	Chancen Prozent
5+✪✪	entw.	1	-	-	-	-	-	-	-	-	7	-	-	6	14	0,70 %
	oder	-	-	-	1	-	-	0-4	-	-	2-9	-	-	2-7	630	31,47 %
	oder	-	-	-	-	-	-	2-4	-	-	3-9	-	-	0-7	1.358	67,83 %
															2.002	**100,00 %**
5+✪	entw.	-	1	-	-	-	-	-	-	-	-	7	-	-	14	0,70 %
	oder	-	-	-	-	1	-	-	0-4	-	-	2-9	-	-	630	31,47 %
	oder	-	-	-	-	-	-	-	2-4	-	-	3-9	-	-	1.358	67,83 %
															2.002	**100,00 %**
5-er	entw.	-	-	1	-	-	-	-	-	-	-	7	-	-	14	0,70 %
	oder	-	-	-	-	-	1	-	-	0-4	-	-	2-9	-	630	31,47 %
	oder	-	-	-	-	-	-	-	-	2-4	-	-	3-9	-	1.358	67,83 %
															2.002	**100,00 %**
4+✪✪	entw.	-	-	-	1	-	-	-	-	-	3-6	-	-	4-10	70	6,99 %
	oder	-	-	-	-	-	-	1-3	-	-	3-7	-	-	3-8	875	87,41 %
	oder	-	-	-	-	-	-	-	-	-	8-9	-	-	2-4	56	5,59 %
															1.001	**100,00 %**
4+✪	entw.	-	-	-	-	1	-	-	-	-	-	3-6	-	-	70	6,99 %
	oder	-	-	-	-	-	-	-	1-3	-	-	3-7	-	-	875	87,41 %
	oder	-	-	-	-	-	-	-	-	-	-	8-9	-	-	56	5,59 %
															1.001	**100,00 %**
4-er	entw.	-	-	-	-	-	1	-	-	-	-	-	3-6	-	70	6,99 %
	oder	-	-	-	-	-	-	-	-	1-3	-	-	3-7	-	875	87,41 %
	oder	-	-	-	-	-	-	-	-	-	-	-	8-9	-	56	5,59 %
															1.001	**100,00 %**
3+✪✪	entw.	-	-	-	-	-	-	1	-	-	1-3	-	-	6-10	140	38,46 %
	oder	-	-	-	-	-	-	-	-	-	4-6	-	-	3-7	224	61,54 %
															364	**100,00 %**
3+✪	entw.	-	-	-	-	-	-	-	1	-	-	1-3	-	-	140	38,46 %
	oder	-	-	-	-	-	-	-	-	-	-	4-6	-	-	224	61,54 %
															364	**100,00 %**
3-er	entw.	-	-	-	-	-	-	-	-	1	-	-	1-3	-	140	38,46 %
	oder	-	-	-	-	-	-	-	-	-	-	-	4-6	-	224	61,54 %
															364	**100,00 %**
2+✪✪	immer	-	-	-	-	-	-	-	-	-	1-2	-	-	6-8	**91**	**100,00 %**
2+✪	immer	-	-	-	-	-	-	-	-	-	-	1-2	-	-	**91**	**100,00 %**
2-er *)	immer	-	-	-	-	-	-	-	-	-	-	-	1-2	-	**91**	**100,00 %**
1+✪✪	immer	-	-	-	-	-	-	-	-	-	-	-	-	5	**14**	**100,00 %**

*) Den Gewinnrang für zwei richtige Zahlen ohne richtige Sternzahl gibt es nur bei EuroMillions, bei EuroJackpot nicht!

Garantietabelle für „DS 15/15/5" – 15 Zahlen in 15 Fünferreihen

Richtige Gew.Zhl.		5+ ✪✪	5+ ✪	5 -er	4+ ✪✪	4+ ✪	4 -er	3+ ✪✪	3+ ✪	3 -er	2+ ✪✪	2+ ✪	2-er *)	1+ ✪✪	Anzahl Fälle	Chancen Prozent
5+✪✪	entw.	1	-	-	-	-	-	-	-	-	6	-	-	8	15	0,50 %
	oder	-	-	-	1	-	-	0-3	-	-	2-9	-	-	3-9	750	24,97 %
	oder	-	-	-	-	-	-	1-5	-	-	0-10	-	-	1-10	2.238	74,52 %
															3.003	**100,00 %**
5+✪	entw.	-	1	-	-	-	-	-	-	-	-	6	-	-	15	0,50 %
	oder	-	-	-	-	1	-	-	0-3	-	-	2-9	-	-	750	24,97 %
	oder	-	-	-	-	-	-	-	1-5	-	-	0-10	-	-	2.238	74,52 %
															3.003	**100,00 %**
5-er	entw.	-	-	1	-	-	-	-	-	-	-	-	6	-	15	0,50 %
	oder	-	-	-	-	-	1	-	-	0-3	-	-	2-9	-	750	24,97 %
	oder	-	-	-	-	-	-	-	-	1-5	-	-	0-10	-	2.238	74,52 %
															3.003	**100,00 %**
4+✪✪	entw.	-	-	-	1	-	-	-	-	-	3-5	-	-	6-10	75	5,49 %
	oder	-	-	-	-	-	-	1-3	-	-	1-7	-	-	3-10	1.125	82,41 %
	oder	-	-	-	-	-	-	-	-	-	7-9	-	-	2-6	165	12,08 %
															1.365	**100,00 %**
4+✪	entw.	-	-	-	-	1	-	-	-	-	-	3-5	-	-	75	5,49 %
	oder	-	-	-	-	-	-	-	1-3	-	-	1-7	-	-	1.125	82,41 %
	oder	-	-	-	-	-	-	-	-	-	-	7-9	-	-	165	12,08 %
															1.365	**100,00 %**
4-er	entw.	-	-	-	-	-	1	-	-	-	-	-	3-5	-	75	5,49 %
	oder	-	-	-	-	-	-	-	-	1-3	-	-	1-7	-	1.125	82,41 %
	oder	-	-	-	-	-	-	-	-	-	-	-	7-9	-	165	12,08 %
															1.365	**100,00 %**
3+✪✪	entw.	-	-	-	-	-	-	1	-	-	1-3	-	-	6-10	150	32,97 %
	oder	-	-	-	-	-	-	-	-	-	3-6	-	-	3-9	305	67,03 %
															455	**100,00 %**
3+✪	entw.	-	-	-	-	-	-	-	1	-	-	1-3	-	-	150	32,97 %
	oder	-	-	-	-	-	-	-	-	-	-	3-6	-	-	305	67,03 %
															455	**100,00 %**
3-er	entw.	-	-	-	-	-	-	-	-	1	-	-	1-3	-	150	32,97 %
	oder	-	-	-	-	-	-	-	-	-	-	-	3-6	-	305	67,03 %
															455	**100,00 %**
2+✪✪	immer	-	-	-	-	-	-	-	-	-	1-2	-	-	6-8	**105**	**100,00 %**
2+✪	immer	-	-	-	-	-	-	-	-	-	-	1-2	-	-	**105**	**100,00 %**
2-er *)	immer	-	-	-	-	-	-	-	-	-	-	-	1-2	-	**105**	**100,00 %**
1+✪✪	immer	-	-	-	-	-	-	-	-	-	-	-	-	5	**15**	**100,00 %**

*) Den Gewinnrang für zwei richtige Zahlen ohne richtige Sternzahl gibt es nur bei EuroMillions, bei EuroJackpot nicht!

Garantietabelle für „DS 16/16/5" – 16 Zahlen in 16 Fünferreihen

Richtige Gew.Zhl.		5+ ✪✪	5+ ✪	5 -er	4+ ✪✪	4+ ✪	4 -er	3+ ✪✪	3+ ✪	3 -er	2+ ✪✪	2+ ✪	2-er *)	1+ ✪✪	Anzahl Fälle	Chancen Prozent
5+✪✪	entw.	1	-	-	-	-	-	-	-	-	5	-	-	10	16	0,36 %
	oder	-	-	-	1	-	-	0-3	-	-	1-9	-	-	3-10	880	20,14 %
	oder	-	-	-	-	-	-	1-5	-	-	2-10	-	-	1-10	3.472	79,48 %
															4.368	**100,00 %**
5+✪	entw.	-	1	-	-	-	-	-	-	-	-	5	-	-	16	0,36 %
	oder	-	-	-	-	1	-	-	0-3	-	-	1-9	-	-	880	20,14 %
	oder	-	-	-	-	-	-	-	1-5	-	-	2-10	-	-	3.472	79,48 %
															4.368	**100,00 %**
5-er	entw.	-	-	1	-	-	-	-	-	-	-	-	5	-	16	0,36 %
	oder	-	-	-	-	-	1	-	-	0-3	-	-	1-9	-	880	20,14 %
	oder	-	-	-	-	-	-	-	-	1-5	-	-	2-10	-	3.472	79,48 %
															4.368	**100,00 %**
4+✪✪	entw.	-	-	-	1	-	-	-	-	-	2-5	-	-	6-12	80	4,39 %
	oder	-	-	-	-	-	-	1-4	-	-	0-6	-	-	4-11	1.428	78,46 %
	oder	-	-	-	-	-	-	-	-	-	6-8	-	-	4-8	312	17,14 %
															1.820	**100,00 %**
4+✪	entw.	-	-	-	-	1	-	-	-	-	-	2-5	-	-	80	4,39 %
	oder	-	-	-	-	-	-	-	1-4	-	-	0-6	-	-	1.428	78,46 %
	oder	-	-	-	-	-	-	-	-	-	-	6-8	-	-	312	17,14 %
															1.820	**100,00 %**
4-er	entw.	-	-	-	-	-	1	-	-	-	-	-	2-5	-	80	4,39 %
	oder	-	-	-	-	-	-	-	-	1-4	-	-	0-6	-	1.428	78,46 %
	oder	-	-	-	-	-	-	-	-	-	-	-	6-8	-	312	17,14 %
															1.820	**100,00 %**
3+✪✪	entw.	-	-	-	-	-	-	1	-	-	0-3	-	-	6-12	160	28,57 %
	oder	-	-	-	-	-	-	-	-	-	3-5	-	-	5-9	400	71,43 %
															560	**100,00 %**
3+✪	entw.	-	-	-	-	-	-	-	1	-	-	0-3	-	-	160	28,57 %
	oder	-	-	-	-	-	-	-	-	-	-	3-5	-	-	400	71,43 %
															560	**100,00 %**
3-er	entw.	-	-	-	-	-	-	-	-	1	-	-	0-3	-	160	28,57 %
	oder	-	-	-	-	-	-	-	-	-	-	-	3-5	-	400	71,43 %
															560	**100,00 %**
2+✪✪	immer	-	-	-	-	-	-	-	-	-	1-2	-	-	6-8	**120**	**100,00 %**
2+✪	immer	-	-	-	-	-	-	-	-	-	-	1-2	-	-	**120**	**100,00 %**
2-er *)	immer	-	-	-	-	-	-	-	-	-	-	-	1-2	-	**120**	**100,00 %**
1+✪✪	immer	-	-	-	-	-	-	-	-	-	-	-	-	5	**16**	**100,00 %**

*) Den Gewinnrang für zwei richtige Zahlen ohne richtige Sternzahl gibt es nur bei EuroMillions, bei EuroJackpot nicht!

Garantietabelle für „DS 17/17/5" – 17 Zahlen in 17 Fünferreihen

Richtige Gew.Zhl.		5+ ✪✪	5+ ✪	5 -er	4+ ✪✪	4+ ✪	4 -er	3+ ✪✪	3+ ✪	3 -er	2+ ✪✪	2+ ✪	2-er *)	1+ ✪✪	Anzahl Fälle	Chancen Prozent
5+✪✪	entw.	1	-	-	-	-	-	-	-	-	4	-	-	12	17	0,28 %
	oder	-	-	-	1	-	-	0-3	-	-	2-8	-	-	5-12	1.020	16,49 %
	oder	-	-	-	-	-	-	1-4	-	-	2-10	-	-	2-11	5.134	82,97 %
	oder	-	-	-	-	-	-	-	-	-	10	-	-	5	17	0,28 %
															6.188	**100,00 %**
5+✪	entw.	-	1	-	-	-	-	-	-	-	-	4	-	-	17	0,28 %
	oder	-	-	-	-	1	-	-	0-3	-	-	2-8	-	-	1.020	16,49 %
	oder	-	-	-	-	-	-	-	1-4	-	-	2-10	-	-	5.134	82,97 %
	oder	-	-	-	-	-	-	-	-	-	-	10	-	-	17	0,28 %
															6.188	**100,00 %**
5-er	entw.	-	-	1	-	-	-	-	-	-	-	-	4	-	17	0,28 %
	oder	-	-	-	-	-	1	-	-	0-3	-	-	2-8	-	1.020	16,49 %
	oder	-	-	-	-	-	-	-	-	1-4	-	-	2-10	-	5.134	82,97 %
	oder	-	-	-	-	-	-	-	-	-	-	-	10	-	17	0,28 %
															6.188	**100,00 %**
4+✪✪	entw.	-	-	-	1	-	-	-	-	-	1-4	-	-	8-14	85	3,57 %
	oder	-	-	-	-	-	-	1-3	-	-	1-6	-	-	5-12	1.751	73,57 %
	oder	-	-	-	-	-	-	-	-	-	6-8	-	-	4-8	544	22,86 %
															2.380	**100,00 %**
4+✪	entw.	-	-	-	-	1	-	-	-	-	-	1-4	-	-	85	3,57 %
	oder	-	-	-	-	-	-	-	1-3	-	-	1-6	-	-	1.751	73,57 %
	oder	-	-	-	-	-	-	-	-	-	-	6-8	-	-	544	22,86 %
															2.380	**100,00 %**
4-er	entw.	-	-	-	-	-	1	-	-	-	-	-	1-4	-	85	3,57 %
	oder	-	-	-	-	-	-	-	-	1-3	-	-	1-6	-	1.751	73,57 %
	oder	-	-	-	-	-	-	-	-	-	-	-	6-8	-	544	22,86 %
															2.380	**100,00 %**
3+✪✪	entw.	-	-	-	-	-	-	1	-	-	0-3	-	-	6-12	170	25,00 %
	oder	-	-	-	-	-	-	-	-	-	3-5	-	-	5-9	510	75,00 %
															680	**100,00 %**
3+✪	entw.	-	-	-	-	-	-	-	1	-	-	0-3	-	-	170	25,00 %
	oder	-	-	-	-	-	-	-	-	-	-	3-5	-	-	510	75,00 %
															680	**100,00 %**
3-er	entw.	-	-	-	-	-	-	-	-	1	-	-	0-3	-	170	25,00 %
	oder	-	-	-	-	-	-	-	-	-	-	-	3-5	-	510	75,00 %
															680	**100,00 %**
2+✪✪	immer	-	-	-	-	-	-	-	-	-	1-2	-	-	6-8	**136**	**100,00 %**
2+✪	immer	-	-	-	-	-	-	-	-	-	-	1-2	-	-	**136**	**100,00 %**
2-er *)	immer	-	-	-	-	-	-	-	-	-	-	-	1-2	-	**136**	**100,00 %**
1+✪✪	immer	-	-	-	-	-	-	-	-	-	-	-	-	5	**17**	**100,00 %**

*) Den Gewinnrang für zwei richtige Zahlen ohne richtige Sternzahl gibt es nur bei EuroMillions, bei EuroJackpot nicht!

Garantietabelle für „DS 18/18/5" – 18 Zahlen in 18 Fünferreihen

Richtige Gew.Zhl.		5+ ✪✪	5+ ✪	5 -er	4+ ✪✪	4+ ✪	4 -er	3+ ✪✪	3+ ✪	3 -er	2+ ✪✪	2+ ✪	2-er *)	1+ ✪✪	Anzahl Fälle	Chancen Prozent
5+✪✪	entw.	1	-	-	-	-	-	-	-	-	3	-	-	14	18	0,21 %
	oder	-	-	-	1	-	-	0-2	-	-	3-7	-	-	7-12	1.170	13,65 %
	oder	-	-	-	-	-	-	1-4	-	-	1-10	-	-	2-12	7.254	84,66 %
	oder	-	-	-	-	-	-	-	-	-	10-11	-	-	3-5	126	1,47 %
															8.568	**100,00 %**
5+✪	entw.	-	1	-	-	-	-	-	-	-	3	-	-	-	18	0,21 %
	oder	-	-	-	-	1	-	-	0-2	-	3-7	-	-	-	1.170	13,65 %
	oder	-	-	-	-	-	-	-	1-4	-	1-10	-	-	-	7.254	84,66 %
	oder	-	-	-	-	-	-	-	-	-	10-11	-	-	-	126	1,47 %
															8.568	**100,00 %**
5-er	entw.	-	-	1	-	-	-	-	-	-	3	-	-	-	18	0,21 %
	oder	-	-	-	-	-	1	-	-	0-2	3-7	-	-	-	1.170	13,65 %
	oder	-	-	-	-	-	-	-	-	1-4	1-10	-	-	-	7.254	84,66 %
	oder	-	-	-	-	-	-	-	-	-	10-11	-	-	-	126	1,47 %
															8.568	**100,00 %**
4+✪✪	entw.	-	-	-	1	-	-	-	-	-	1-3	-	-	10-14	90	2,94 %
	oder	-	-	-	-	-	-	1-2	-	-	1-6	-	-	5-12	2.097	68,53 %
	oder	-	-	-	-	-	-	-	-	-	6-8	-	-	4-8	873	28,53 %
															3.060	**100,00 %**
4+✪	entw.	-	-	-	-	1	-	-	-	-	1-3	-	-	-	90	2,94 %
	oder	-	-	-	-	-	-	-	1-2	-	1-6	-	-	-	2.097	68,53 %
	oder	-	-	-	-	-	-	-	-	-	6-8	-	-	-	873	28,53 %
															3.060	**100,00 %**
4-er	entw.	-	-	-	-	-	1	-	-	-	1-3	-	-	-	90	2,94 %
	oder	-	-	-	-	-	-	-	-	1-2	1-6	-	-	-	2.097	68,53 %
	oder	-	-	-	-	-	-	-	-	-	6-8	-	-	-	873	28,53 %
															3.060	**100,00 %**
3+✪✪	entw.	-	-	-	-	-	-	1	-	-	0-2	-	-	8-12	180	22,06 %
	oder	-	-	-	-	-	-	-	-	-	3-5	-	-	5-9	636	77,94 %
															816	**100,00 %**
3+✪	entw.	-	-	-	-	-	-	-	1	-	0-2	-	-	-	180	22,06 %
	oder	-	-	-	-	-	-	-	-	-	3-5	-	-	-	636	77,94 %
															816	**100,00 %**
3-er	entw.	-	-	-	-	-	-	-	-	1	0-2	-	-	-	180	22,06 %
	oder	-	-	-	-	-	-	-	-	-	3-5	-	-	-	636	77,94 %
															816	**100,00 %**
2+✪✪	immer	-	-	-	-	-	-	-	-	-	1-2	-	-	6-8	**153**	**100,00 %**
2+✪	immer	-	-	-	-	-	-	-	-	-	-	1-2	-	-	**153**	**100,00 %**
2-er *)	immer	-	-	-	-	-	-	-	-	-	-	-	1-2	-	**153**	**100,00 %**
1+✪✪	immer	-	-	-	-	-	-	-	-	-	-	-	-	5	**18**	**100,00 %**

*) Den Gewinnrang für zwei richtige Zahlen ohne richtige Sternzahl gibt es nur bei EuroMillions, bei EuroJackpot nicht!

Garantietabelle für „DS 19/19/5" – 19 Zahlen in 19 Fünferreihen

Richtige Gew.Zhl.		5+ ✿✿	5+ ✿	5 -er	4+ ✿✿	4+ ✿	4 -er	3+ ✿✿	3+ ✿	3 -er	2+ ✿✿	2+ ✿	2-er *)	1+ ✿✿	Anzahl Fälle	Chancen Prozent
5+✿✿	entw.	1	-	-	-	-	-	-	-	-	2	-	-	16	19	0,16 %
	oder	-	-	-	1	-	-	0-1	-	-	3-6	-	-	9-13	1.330	11,43 %
	oder	-	-	-	-	-	-	1-4	-	-	1-9	-	-	4-12	10.032	86,27 %
	oder	-	-	-	-	-	-	-	-	-	10-11	-	-	3-5	247	2,12 %
															11.628	**100,00 %**
5+✿	entw.	-	1	-	-	-	-	-	-	-	-	2	-	-	19	0,16 %
	oder	-	-	-	-	1	-	-	0-1	-	-	3-6	-	-	1.330	11,43 %
	oder	-	-	-	-	-	-	-	1-4	-	-	1-9	-	-	10.032	86,27 %
	oder	-	-	-	-	-	-	-	-	-	-	10-11	-	-	247	2,12 %
															11.628	**100,00 %**
5-er	entw.	-	-	1	-	-	-	-	-	-	-	-	2	-	19	0,16 %
	oder	-	-	-	-	-	1	-	-	0-1	-	-	3-6	-	1.330	11,43 %
	oder	-	-	-	-	-	-	-	-	1-4	-	-	1-9	-	10.032	86,27 %
	oder	-	-	-	-	-	-	-	-	-	-	-	10-11	-	247	2,12 %
															11.628	**100,00 %**
4+✿✿	entw.	-	-	-	1	-	-	-	-	-	0-2	-	-	12-16	95	2,45 %
	oder	-	-	-	-	-	-	1-2	-	-	1-5	-	-	7-12	2.489	64,21 %
	oder	-	-	-	-	-	-	-	-	-	6-8	-	-	4-8	1.292	33,33 %
															3.876	**100,00 %**
4+✿	entw.	-	-	-	-	1	-	-	-	-	-	0-2	-	-	95	2,45 %
	oder	-	-	-	-	-	-	-	1-2	-	-	1-5	-	-	2.489	64,21 %
	oder	-	-	-	-	-	-	-	-	-	-	6-8	-	-	1.292	33,33 %
															3.876	**100,00 %**
4-er	entw.	-	-	-	-	-	1	-	-	-	-	-	0-2	-	95	2,45 %
	oder	-	-	-	-	-	-	-	-	1-2	-	-	1-5	-	2.489	64,21 %
	oder	-	-	-	-	-	-	-	-	-	-	-	6-8	-	1.292	33,33 %
															3.876	**100,00 %**
3+✿✿	entw.	-	-	-	-	-	-	1	-	-	0-2	-	-	8-12	190	19,61 %
	oder	-	-	-	-	-	-	-	-	-	3-4	-	-	7-9	779	80,39 %
															969	**100,00 %**
3+✿	entw.	-	-	-	-	-	-	-	1	-	-	0-2	-	-	190	19,61 %
	oder	-	-	-	-	-	-	-	-	-	-	3-4	-	-	779	80,39 %
															969	**100,00 %**
3-er	entw.	-	-	-	-	-	-	-	-	1	-	-	0-2	-	190	19,61 %
	oder	-	-	-	-	-	-	-	-	-	-	-	3-4	-	779	80,39 %
															969	**100,00 %**
2+✿✿	immer	-	-	-	-	-	-	-	-	-	1-2	-	-	6-8	**171**	**100,00 %**
2+✿	immer	-	-	-	-	-	-	-	-	-	-	1-2	-	-	**171**	**100,00 %**
2-er *)	immer	-	-	-	-	-	-	-	-	-	-	-	1-2	-	**171**	**100,00 %**
1+✿✿	immer	-	-	-	-	-	-	-	-	-	-	-	-	5	**19**	**100,00 %**

*) Den Gewinnrang für zwei richtige Zahlen ohne richtige Sternzahl gibt es nur bei EuroMillions, bei EuroJackpot nicht!

Garantietabelle für „DS 20/20/5" – 20 Zahlen in 20 Fünferreihen

Richtige Gew.Zhl.		5+ ✪✪	5+ ✪	5 -er	4+ ✪✪	4+ ✪	4 -er	3+ ✪✪	3+ ✪	3 -er	2+ ✪✪	2+ ✪	2-er *)	1+ ✪✪	Anzahl Fälle	Chancen Prozent
5+✪✪	entw.	1	-	-	-	-	-	-	-	-	2	-	-	16	20	0,13 %
	oder	-	-	-	1	-	-	0-1	-	-	2-6	-	-	9-15	1.500	9,67 %
	oder	-	-	-	-	-	-	1-4	-	-	1-9	-	-	4-14	13.120	84,62 %
	oder	-	-	-	-	-	-	-	-	8-11	-	-	-	3-9	864	5,57 %
															15.504	**100,00 %**
5+✪	entw.	-	1	-	-	-	-	-	-	-	-	2	-	-	20	0,13 %
	oder	-	-	-	-	1	-	-	0-1	-	-	2-6	-	-	1.500	9,67 %
	oder	-	-	-	-	-	-	-	1-4	-	-	1-9	-	-	13.120	84,62 %
	oder	-	-	-	-	-	-	-	-	8-11	-	-	-	-	864	5,57 %
															15.504	**100,00 %**
5-er	entw.	-	-	1	-	-	-	-	-	-	-	-	2	-	20	0,13 %
	oder	-	-	-	-	-	1	-	-	0-1	-	-	2-6	-	1.500	9,67 %
	oder	-	-	-	-	-	-	-	-	1-4	-	-	1-9	-	13.120	84,62 %
	oder	-	-	-	-	-	-	-	-	8-11	-	-	-	-	864	5,57 %
															15.504	**100,00 %**
4+✪✪	entw.	-	-	-	1	-	-	-	-	-	0-2	-	-	12-16	100	2,06 %
	oder	-	-	-	-	-	-	1-2	-	-	0-5	-	-	7-14	2.820	58,20 %
	oder	-	-	-	-	-	-	-	-	-	4-7	-	-	6-12	1.925	39,73 %
															4.845	**100,00 %**
4+✪	entw.	-	-	-	-	1	-	-	-	-	-	0-2	-	-	100	2,06 %
	oder	-	-	-	-	-	-	-	1-2	-	-	0-5	-	-	2.820	58,20 %
	oder	-	-	-	-	-	-	-	-	-	-	4-7	-	-	1.925	39,73 %
															4.845	**100,00 %**
4-er	entw.	-	-	-	-	-	1	-	-	-	-	-	0-2	-	100	2,06 %
	oder	-	-	-	-	-	-	-	-	1-2	-	-	0-5	-	2.820	58,20 %
	oder	-	-	-	-	-	-	-	-	-	-	-	4-7	-	1.925	39,73 %
															4.845	**100,00 %**
3+✪✪	entw.	-	-	-	-	-	-	1	-	-	0-2	-	-	8-12	200	17,54 %
	oder	-	-	-	-	-	-	-	-	-	2-4	-	-	7-11	940	82,46 %
															1.140	**100,00 %**
3+✪	entw.	-	-	-	-	-	-	-	1	-	-	0-2	-	-	200	17,54 %
	oder	-	-	-	-	-	-	-	-	-	-	2-4	-	-	940	82,46 %
															1.140	**100,00 %**
3-er	entw.	-	-	-	-	-	-	-	-	1	-	-	0-2	-	200	17,54 %
	oder	-	-	-	-	-	-	-	-	-	-	-	2-4	-	940	82,46 %
															1.140	**100,00 %**
2+✪✪	entw.	-	-	-	-	-	-	-	-	-	1-2	-	-	6-8	180	94,74 %
	oder	-	-	-	-	-	-	-	-	-	-	-	-	10	10	5,26 %
															190	**100,00 %**
2+✪	entw.	-	-	-	-	-	-	-	-	-	-	1-2	-	-	180	94,74 %
	oder	-	-	-	-	-	-	-	-	-	-	-	-	-	10	5,26 %
															190	**100,00 %**
2-er *)	entw.	-	-	-	-	-	-	-	-	-	-	-	1-2	-	180	94,74 %
	oder	-	-	-	-	-	-	-	-	-	-	-	-	-	10	5,26 %
															190	**100,00 %**
1+✪✪	immer	-	-	-	-	-	-	-	-	-	-	-	-	5	20	100,00 %

*) Den Gewinnrang für zwei richtige Zahlen ohne richtige Sternzahl gibt es nur bei EuroMillions, bei EuroJackpot nicht!

Garantietabelle für „DS 21/21/5" – 21 Zahlen in 21 Fünferreihen

Richtige Gew.Zhl.		5+ ✪✪	5+ ✪	5 -er	4+ ✪✪	4+ ✪	4 -er	3+ ✪✪	3+ ✪	3 -er	2+ ✪✪	2+ ✪	2-er *)	1+ ✪✪	Anzahl Fälle	Chancen Prozent
5+✪✪	entw.	1	-	-	-	-	-	-	-	-	-	-	-	20	21	0,10 %
	oder	-	-	-	1	-	-	-	-	-	4	-	-	13	1.680	8,25 %
	oder	-	-	-	-	-	-	1-2	-	-	4-7	-	-	8-11	17.640	86,69 %
	oder	-	-	-	-	-	-	-	-	-	10	-	-	5	1.008	4,95 %
															20.349	**100,00 %**
5+✪	entw.	-	1	-	-	-	-	-	-	-	-	-	-	-	21	0,10 %
	oder	-	-	-	-	1	-	-	-	-	-	4	-	-	1.680	8,25 %
	oder	-	-	-	-	-	-	-	1-2	-	-	4-7	-	-	17.640	86,69 %
	oder	-	-	-	-	-	-	-	-	-	-	10	-	-	1.008	4,95 %
															20.349	**100,00 %**
5-er	entw.	-	-	1	-	-	-	-	-	-	-	-	-	-	21	0,10 %
	oder	-	-	-	-	-	1	-	-	-	-	-	4	-	1.680	8,25 %
	oder	-	-	-	-	-	-	-	-	1-2	-	-	4-7	-	17.640	86,69 %
	oder	-	-	-	-	-	-	-	-	-	-	-	10	-	1.008	4,95 %
															20.349	**100,00 %**
4+✪✪	entw.	-	-	-	1	-	-	-	-	-	-	-	-	16	105	1,75 %
	oder	-	-	-	-	-	-	1	-	-	3	-	-	11	3.360	56,14 %
	oder	-	-	-	-	-	-	-	-	-	6	-	-	8	2.520	42,10 %
															5.985	**100,00 %**
4+✪	entw.	-	-	-	-	1	-	-	-	-	-	-	-	-	105	1,75 %
	oder	-	-	-	-	-	-	-	1	-	-	3	-	-	3.360	56,14 %
	oder	-	-	-	-	-	-	-	-	-	-	6	-	-	2.520	42,10 %
															5.985	**100,00 %**
4-er	entw.	-	-	-	-	-	1	-	-	-	-	-	-	-	105	1,75 %
	oder	-	-	-	-	-	-	-	-	1	-	-	3	-	3.360	56,14 %
	oder	-	-	-	-	-	-	-	-	-	-	-	6	-	2.520	42,10 %
															5.985	**100,00 %**
3+✪✪	entw.	-	-	-	-	-	-	1	-	-	-	-	-	12	210	15,79 %
	oder	-	-	-	-	-	-	-	-	-	3	-	-	9	1.120	84,21 %
															1.330	**100,00 %**
3+✪	entw.	-	-	-	-	-	-	-	1	-	-	-	-	-	210	15,79 %
	oder	-	-	-	-	-	-	-	-	-	-	3	-	-	1.120	84,21 %
															1.330	**100,00 %**
3-er	entw.	-	-	-	-	-	-	-	-	1	-	-	-	-	210	15,79 %
	oder	-	-	-	-	-	-	-	-	-	-	-	3	-	1.120	84,21 %
															1.330	**100,00 %**
2+✪✪	immer	-	-	-	-	-	-	-	-	-	1	-	-	8	**210**	**100,00 %**
2+✪	immer	-	-	-	-	-	-	-	-	-	-	1	-	-	**210**	**100,00 %**
2-er *)	immer	-	-	-	-	-	-	-	-	-	-	-	1	-	**210**	**100,00 %**
1+✪✪	immer	-	-	-	-	-	-	-	-	-	-	-	-	5	**21**	**100,00 %**

*) Den Gewinnrang für zwei richtige Zahlen ohne richtige Sternzahl gibt es nur bei EuroMillions, bei EuroJackpot nicht!

Garantietabelle für „DS 22/22/5" – 22 Zahlen in 22 Fünferreihen

Richtige Gew.Zhl.		5+ ✪✪	5+ ✪	5 -er	4+ ✪✪	4+ ✪	4 -er	3+ ✪✪	3+ ✪	3 -er	2+ ✪✪	2+ ✪	2-er *)	1+ ✪✪	Anzahl Fälle	Chancen Prozent
5+✪✪	entw.	1	-	-	-	-	-	-	-	-	1	-	-	18	22	0,08 %
	oder	-	-	-	1	-	-	0-1	-	-	1-5	-	-	11-17	1.870	7,10 %
	oder	-	-	-	-	-	-	1-3	-	-	1-9	-	-	4-15	21.340	81,04 %
	oder	-	-	-	-	-	-	-	-	-	6-11	-	-	3-13	3.102	11,78 %
															26.334	**100,00 %**
5+✪	entw.	-	1	-	-	-	-	-	-	-	-	1	-	-	22	0,08 %
	oder	-	-	-	-	1	-	-	0-1	-	-	1-5	-	-	1.870	7,10 %
	oder	-	-	-	-	-	-	-	1-3	-	-	1-9	-	-	21.340	81,04 %
	oder	-	-	-	-	-	-	-	-	-	-	6-11	-	-	3.102	11,78 %
															26.334	**100,00 %**
5-er	entw.	-	-	1	-	-	-	-	-	-	-	-	1	-	22	0,08 %
	oder	-	-	-	-	-	1	-	-	0-1	-	-	1-5	-	1.870	7,10 %
	oder	-	-	-	-	-	-	-	-	1-3	-	-	1-9	-	21.340	81,04 %
	oder	-	-	-	-	-	-	-	-	-	-	-	6-11	-	3.102	11,78 %
															26.334	**100,00 %**
4+✪✪	entw.	-	-	-	1	-	-	-	-	-	0-1	-	-	14-16	110	1,50 %
	oder	-	-	-	-	-	-	1-2	-	-	0-4	-	-	9-15	3.641	49,77 %
	oder	-	-	-	-	-	-	3-8	-	-	-	-	-	4-14	3.564	48,72 %
															7.315	**100,00 %**
4+✪	entw.	-	-	-	-	1	-	-	-	-	-	0-1	-	-	110	1,50 %
	oder	-	-	-	-	-	-	-	1-2	-	-	0-4	-	-	3.641	49,77 %
	oder	-	-	-	-	-	-	-	3-8	-	-	-	-	-	3.564	48,72 %
															7.315	**100,00 %**
4-er	entw.	-	-	-	-	-	1	-	-	-	-	-	0-1	-	110	1,50 %
	oder	-	-	-	-	-	-	-	-	1-2	-	-	0-4	-	3.641	49,77 %
	oder	-	-	-	-	-	-	-	-	3-8	-	-	-	-	3.564	48,72 %
															7.315	**100,00 %**
3+✪✪	entw.	-	-	-	-	-	-	1	-	-	0-1	-	-	10-12	220	14,28 %
	oder	-	-	-	-	-	-	-	-	-	1-4	-	-	7-13	1.320	85,71 %
															1.540	**100,00 %**
3+✪	entw.	-	-	-	-	-	-	-	1	-	-	0-1	-	-	220	14,28 %
	oder	-	-	-	-	-	-	-	-	-	-	1-4	-	-	1.320	85,71 %
															1.540	**100,00 %**
3-er	entw.	-	-	-	-	-	-	-	-	1	-	-	0-1	-	220	14,28 %
	oder	-	-	-	-	-	-	-	-	-	-	-	1-4	-	1.320	85,71 %
															1.540	**100,00 %**
2+✪✪	entw.	-	-	-	-	-	-	-	-	-	1-2	-	-	6-8	209	90,47 %
	oder	-	-	-	-	-	-	-	-	-	-	-	-	10	22	9,52 %
															231	**100,00 %**
2+✪	entw.	-	-	-	-	-	-	-	-	-	-	1-2	-	-	209	90,47 %
	oder	-	-	-	-	-	-	-	-	-	-	-	-	-	22	9,52 %
															231	**100,00 %**
2-er *)	entw.	-	-	-	-	-	-	-	-	-	-	-	1-2	-	209	90,47 %
	oder	-	-	-	-	-	-	-	-	-	-	-	-	-	22	9,52 %
															231	**100,00 %**
1+✪✪	immer	-	-	-	-	-	-	-	-	-	-	-	-	5	22	100,00 %

*) Den Gewinnrang für zwei richtige Zahlen ohne richtige Sternzahl gibt es nur bei EuroMillions, bei EuroJackpot nicht!

Garantietabelle für „DS 23/23/5" – 23 Zahlen in 23 Fünferreihen

Richtige Gew.Zhl.		5+✪✪	5+✪	5-er	4+✪✪	4+✪	4-er	3+✪✪	3+✪	3-er	2+✪✪	2+✪	2-er *)	1+✪✪	Anzahl Fälle	Chancen Prozent
5+✪✪	entw.	1	-	-	-	-	-	-	-	-	-	-	-	20	23	0,07 %
	oder	-	-	-	1	-	-	-	-	-	2-4	-	-	13-17	2.070	6,15 %
	oder	-	-	-	-	-	-	1-2	-	-	2-7	-	-	8-15	26.910	79,97 %
	oder	-	-	-	-	-	-	-	-	-	6-10	-	-	5-13	4.646	13,81 %
															33.649	**100,00 %**
5+✪	entw.	-	1	-	-	-	-	-	-	-	-	-	-	-	23	0,07 %
	oder	-	-	-	-	1	-	-	-	-	-	2-4	-	-	2.070	6,15 %
	oder	-	-	-	-	-	-	-	1-2	-	-	2-7	-	-	26.910	79,97 %
	oder	-	-	-	-	-	-	-	-	-	-	6-10	-	-	4.646	13,81 %
															33.649	**100,00 %**
5-er	entw.	-	-	1	-	-	-	-	-	-	-	-	-	-	23	0,07 %
	oder	-	-	-	-	-	1	-	-	-	-	-	2-4	-	2.070	6,15 %
	oder	-	-	-	-	-	-	-	-	1-2	-	-	2-7	-	26.910	79,97 %
	oder	-	-	-	-	-	-	-	-	-	-	-	6-10	-	4.646	13,81 %
															33.649	**100,00 %**
4+✪✪	entw.	-	-	-	1	-	-	-	-	-	-	-	-	16	115	1,30 %
	oder	-	-	-	-	-	-	1	-	-	1-3	-	-	11-15	4.140	46,75 %
	oder	-	-	-	-	-	-	-	-	-	3-6	-	-	8-14	4.600	51,95 %
															8.855	**100,00 %**
4+✪	entw.	-	-	-	-	1	-	-	-	-	-	-	-	-	115	1,30 %
	oder	-	-	-	-	-	-	-	1	-	-	1-3	-	-	4.140	46,75 %
	oder	-	-	-	-	-	-	-	-	-	-	3-6	-	-	4.600	51,95 %
															8.855	**100,00 %**
4-er	entw.	-	-	-	-	-	1	-	-	-	-	-	-	-	115	1,30 %
	oder	-	-	-	-	-	-	-	-	1	-	-	1-3	-	4.140	46,75 %
	oder	-	-	-	-	-	-	-	-	-	-	-	3-6	-	4.600	51,95 %
															8.855	**100,00 %**
3+✪✪	entw.	-	-	-	-	-	1	-	-	-	-	-	-	12	230	12,98 %
	oder	-	-	-	-	-	-	-	-	-	1-3	-	-	9-13	1.541	87,01 %
															1.771	**100,00 %**
3+✪	entw.	-	-	-	-	-	-	1	-	-	-	-	-	-	230	12,98 %
	oder	-	-	-	-	-	-	-	-	-	-	1-3	-	-	1.541	87,01 %
															1.771	**100,00 %**
3-er	entw.	-	-	-	-	-	-	-	-	1	-	-	-	-	230	12,98 %
	oder	-	-	-	-	-	-	-	-	-	-	-	1-3	-	1.541	87,01 %
															1.771	**100,00 %**
2+✪✪	entw.	-	-	-	-	-	-	-	-	1	-	-	-	8	230	90,91 %
	oder	-	-	-	-	-	-	-	-	-	-	-	-	10	23	9,09 %
															253	**100,00 %**
2+✪	entw.	-	-	-	-	-	-	-	-	-	-	1	-	-	230	90,91 %
	oder	-	-	-	-	-	-	-	-	-	-	-	-	-	23	9,09 %
															253	**100,00 %**
2-er *)	entw.	-	-	-	-	-	-	-	-	-	-	-	1	-	230	90,91 %
	oder	-	-	-	-	-	-	-	-	-	-	-	-	-	23	9,09 %
															253	**100,00 %**
1+✪✪	immer	-	-	-	-	-	-	-	-	-	-	-	-	5	23	100,00 %

*) Den Gewinnrang für zwei richtige Zahlen ohne richtige Sternzahl gibt es nur bei EuroMillions, bei EuroJackpot nicht!

Garantietabelle für „DS 24/24/5" – 24 Zahlen in 24 Fünferreihen

Richtige Gew.Zhl.		5+ ✪✪	5+ ✪	5 -er	4+ ✪✪	4+ ✪	4 -er	3+ ✪✪	3+ ✪	3 -er	2+ ✪✪	2+ ✪	2-er *)	1+ ✪✪	Anzahl Fälle	Chancen Prozent
5+✪✪	entw.	1	-	-	-	-	-	-	-	-	-	-	-	20	24	0,05 %
	oder	-	-	-	1	-	-	-	-	-	2-4	-	-	13-17	2.280	5,36 %
	oder	-	-	-	-	-	-	1-2	-	-	1-7	-	-	8-17	32.400	76,23 %
	oder	-	-	-	-	-	-	-	-	-	5-10	-	-	5-15	7.800	18,35 %
															42.504	**100,00 %**
5+✪	entw.	-	1	-	-	-	-	-	-	-	-	-	-	-	24	0,05 %
	oder	-	-	-	-	1	-	-	-	-	-	2-4	-	-	2.280	5,36 %
	oder	-	-	-	-	-	-	-	1-2	-	-	1-7	-	-	32.400	76,23 %
	oder	-	-	-	-	-	-	-	-	-	-	5-10	-	-	7.800	18,35 %
															42.504	**100,00 %**
5-er	entw.	-	-	1	-	-	-	-	-	-	-	-	-	-	24	0,05 %
	oder	-	-	-	-	-	1	-	-	-	-	-	2-4	-	2.280	5,36 %
	oder	-	-	-	-	-	-	-	-	1-2	-	-	1-7	-	32.400	76,23 %
	oder	-	-	-	-	-	-	-	-	-	-	-	5-10	-	7.800	18,35 %
															42.504	**100,00 %**
4+✪✪	entw.	-	-	-	1	-	-	-	-	-	-	-	-	16	120	1,13 %
	oder	-	-	-	-	-	-	1	-	-	1-3	-	-	11-15	4.560	42,91 %
	oder	-	-	-	-	-	-	-	-	-	2-6	-	-	8-16	5.946	55,95 %
															10.626	**100,00 %**
4+✪	entw.	-	-	-	-	1	-	-	-	-	-	-	-	-	120	1,13 %
	oder	-	-	-	-	-	-	-	1	-	-	1-3	-	-	4.560	42,91 %
	oder	-	-	-	-	-	-	-	-	-	-	2-6	-	-	5.946	55,95 %
															10.626	**100,00 %**
4-er	entw.	-	-	-	-	-	1	-	-	-	-	-	-	-	120	1,13 %
	oder	-	-	-	-	-	-	-	-	1	-	-	1-3	-	4.560	42,91 %
	oder	-	-	-	-	-	-	-	-	-	-	-	2-6	-	5.946	55,95 %
															10.626	**100,00 %**
3+✪✪	entw.	-	-	-	-	-	-	1	-	-	-	-	-	12	240	11,85 %
	oder	-	-	-	-	-	-	-	-	-	1-3	-	-	9-13	1.784	88,14 %
															2.024	**100,00 %**
3+✪	entw.	-	-	-	-	-	-	-	1	-	-	-	-	-	240	11,85 %
	oder	-	-	-	-	-	-	-	-	-	-	1-3	-	-	1.784	88,14 %
															2.024	**100,00 %**
3-er	entw.	-	-	-	-	-	-	-	-	1	-	-	-	-	240	11,85 %
	oder	-	-	-	-	-	-	-	-	-	-	-	1-3	-	1.784	88,14 %
															2.024	**100,00 %**
2+✪✪	entw.	-	-	-	-	-	-	-	-	-	1	-	-	8	240	86,95 %
	oder	-	-	-	-	-	-	-	-	-	-	-	-	10	36	13,04 %
															276	**100,00 %**
2+✪	entw.	-	-	-	-	-	-	-	-	-	-	1	-	-	240	86,95 %
	oder	-	-	-	-	-	-	-	-	-	-	-	-	-	36	13,04 %
															276	**100,00 %**
2-er *)	entw.	-	-	-	-	-	-	-	-	-	-	-	1	-	240	86,95 %
	oder	-	-	-	-	-	-	-	-	-	-	-	-	-	36	13,04 %
															276	**100,00 %**
1+✪✪	immer	-	-	-	-	-	-	-	-	-	-	-	-	5	**24**	**100,00 %**

*) Den Gewinnrang für zwei richtige Zahlen ohne richtige Sternzahl gibt es nur bei EuroMillions, bei EuroJackpot nicht!

Garantietabelle für „DS 25/25/5" – 25 Zahlen in 25 Fünferreihen

Richtige Gew.Zhl.		5+ ✿✿	5+ ✿	5 -er	4+ ✿✿	4+ ✿	4 -er	3+ ✿✿	3+ ✿	3 -er	2+ ✿✿	2+ ✿	2-er *)	1+ ✿✿	Anzahl Fälle	Chancen Prozent
5+✿✿	entw.	1	-	-	-	-	-	-	-	-	-	-	-	20	25	0,05 %
	oder	-	-	-	1	-	-	-	-	-	2-4	-	-	13-17	2.500	4,71 %
	oder	-	-	-	-	-	-	1-2	-	-	0-7	-	-	8-19	38.500	72,46 %
	oder	-	-	-	-	-	-	-	-	-	5-10	-	-	5-15	12.105	22,78 %
															53.130	**100,00 %**
5+✿	entw.	-	1	-	-	-	-	-	-	-	-	-	-	-	25	0,05 %
	oder	-	-	-	-	1	-	-	-	-	-	2-4	-	-	2.500	4,71 %
	oder	-	-	-	-	-	-	-	1-2	-	-	0-7	-	-	38.500	72,46 %
	oder	-	-	-	-	-	-	-	-	-	-	5-10	-	-	12.105	22,78 %
															53.130	**100,00 %**
5-er	entw.	-	-	1	-	-	-	-	-	-	-	-	-	-	25	0,05 %
	oder	-	-	-	-	-	1	-	-	-	-	-	2-4	-	2.500	4,71 %
	oder	-	-	-	-	-	-	-	-	1-2	-	-	0-7	-	38.500	72,46 %
	oder	-	-	-	-	-	-	-	-	-	-	-	5-10	-	12.105	22,78 %
															53.130	**100,00 %**
4+✿✿	entw.	-	-	-	1	-	-	-	-	-	-	-	-	16	125	0,99 %
	oder	-	-	-	-	-	-	1	-	-	1-3	-	-	11-15	5.000	39,52 %
	oder	-	-	-	-	-	-	-	-	-	2-6	-	-	8-16	7.525	59,48 %
															12.650	**100,00 %**
4+✿	entw.	-	-	-	-	1	-	-	-	-	-	-	-	-	125	0,99 %
	oder	-	-	-	-	-	-	-	1	-	-	1-3	-	-	5.000	39,52 %
	oder	-	-	-	-	-	-	-	-	-	-	2-6	-	-	7.525	59,48 %
															12.650	**100,00 %**
4-er	entw.	-	-	-	-	-	1	-	-	-	-	-	-	-	125	0,99 %
	oder	-	-	-	-	-	-	-	-	1	-	-	1-3	-	5.000	39,52 %
	oder	-	-	-	-	-	-	-	-	-	-	-	2-6	-	7.525	59,48 %
															12.650	**100,00 %**
3+✿✿	entw.	-	-	-	-	-	-	1	-	-	-	-	-	12	250	10,87 %
	oder	-	-	-	-	-	-	-	-	-	1-3	-	-	9-13	2.050	89,13 %
															2.300	**100,00 %**
3+✿	entw.	-	-	-	-	-	-	-	1	-	-	-	-	-	250	10,87 %
	oder	-	-	-	-	-	-	-	-	-	-	1-3	-	-	2.050	89,13 %
															2.300	**100,00 %**
3-er	entw.	-	-	-	-	-	-	-	-	1	-	-	-	-	250	10,87 %
	oder	-	-	-	-	-	-	-	-	-	-	-	1-3	-	2.050	89,13 %
															2.300	**100,00 %**
2+✿✿	entw.	-	-	-	-	-	-	-	-	-	1	-	-	8	250	83,33 %
	oder	-	-	-	-	-	-	-	-	-	-	-	-	10	50	16,67 %
															300	**100,00 %**
2+✿	entw.	-	-	-	-	-	-	-	-	-	-	1	-	-	250	83,33 %
	oder	-	-	-	-	-	-	-	-	-	-	-	-	-	50	16,67 %
															300	**100,00 %**
2-er *)	entw.	-	-	-	-	-	-	-	-	-	-	-	1	-	250	83,33 %
	oder	-	-	-	-	-	-	-	-	-	-	-	-	-	50	16,67 %
															300	**100,00 %**
1+✿✿	immer	-	-	-	-	-	-	-	-	-	-	-	-	5	25	100,00 %

*) Den Gewinnrang für zwei richtige Zahlen ohne richtige Sternzahl gibt es nur bei EuroMillions, bei EuroJackpot nicht!

Garantietabelle für „DS 26/26/5" – 26 Zahlen in 26 Fünferreihen

Richtige Gew.Zhl.		5+ ✪✪	5+ ✪	5 -er	4+ ✪✪	4+ ✪	4 -er	3+ ✪✪	3+ ✪	3 -er	2+ ✪✪	2+ ✪	2-er *)	1+ ✪✪	Anzahl Fälle	Chancen Prozent
5+✪✪	entw.	1	-	-	-	-	-	-	-	-	-	-	-	20	26	0,04 %
	oder	-	-	-	1	-	-	-	-	-	1-4	-	-	13-19	2.730	4,15 %
	oder	-	-	-	-	-	-	1-2	-	-	0-7	-	-	8-19	45.240	68,77 %
	oder	-	-	-	-	-	-	-	-	-	4-10	-	-	5-17	17.784	27,03 %
															65.780	**100,00 %**
5+✪	entw.	-	1	-	-	-	-	-	-	-	-	-	-	-	26	0,04 %
	oder	-	-	-	-	1	-	-	-	-	-	1-4	-	-	2.730	4,15 %
	oder	-	-	-	-	-	-	-	1-2	-	-	0-7	-	-	45.240	68,77 %
	oder	-	-	-	-	-	-	-	-	-	-	4-10	-	-	17.784	27,03 %
															65.780	**100,00 %**
5-er	entw.	-	-	1	-	-	-	-	-	-	-	-	-	-	26	0,04 %
	oder	-	-	-	-	-	1	-	-	-	-	-	1-4	-	2.730	4,15 %
	oder	-	-	-	-	-	-	-	-	1-2	-	-	0-7	-	45.240	68,77 %
	oder	-	-	-	-	-	-	-	-	-	-	-	4-10	-	17.784	27,03 %
															65.780	**100,00 %**
4+✪✪	entw.	-	-	-	1	-	-	-	-	-	-	-	-	16	130	0,87 %
	oder	-	-	-	-	-	-	1	-	-	0-3	-	-	11-17	5.460	36,52 %
	oder	-	-	-	-	-	-	-	-	-	2-6	-	-	8-16	9.360	62,61 %
															14.950	**100,00 %**
4+✪	entw.	-	-	-	-	1	-	-	-	-	-	-	-	-	130	0,87 %
	oder	-	-	-	-	-	-	-	1	-	-	0-3	-	-	5.460	36,52 %
	oder	-	-	-	-	-	-	-	-	-	-	2-6	-	-	9.360	62,61 %
															14.950	**100,00 %**
4-er	entw.	-	-	-	-	-	1	-	-	-	-	-	-	-	130	0,87 %
	oder	-	-	-	-	-	-	-	-	1	-	-	0-3	-	5.460	36,52 %
	oder	-	-	-	-	-	-	-	-	-	-	-	2-6	-	9.360	62,61 %
															14.950	**100,00 %**
3+✪✪	entw.	-	-	-	-	-	-	1	-	-	-	-	-	12	260	10,00 %
	oder	-	-	-	-	-	-	-	-	-	1-3	-	-	9-13	2.340	90,00 %
															2.600	**100,00 %**
3+✪	entw.	-	-	-	-	-	-	-	1	-	-	-	-	-	260	10,00 %
	oder	-	-	-	-	-	-	-	-	-	-	1-3	-	-	2.340	90,00 %
															2.600	**100,00 %**
3-er	entw.	-	-	-	-	-	-	-	-	1	-	-	-	-	260	10,00 %
	oder	-	-	-	-	-	-	-	-	-	-	-	1-3	-	2.340	90,00 %
															2.600	**100,00 %**
2+✪✪	entw.	-	-	-	-	-	-	-	-	-	1	-	-	8	260	80,00 %
	oder	-	-	-	-	-	-	-	-	-	-	-	-	10	65	20,00 %
															325	**100,00 %**
2+✪	entw.	-	-	-	-	-	-	-	-	-	-	1	-	-	260	80,00 %
	oder	-	-	-	-	-	-	-	-	-	-	-	-	-	65	20,00 %
															325	**100,00 %**
2-er *)	entw.	-	-	-	-	-	-	-	-	-	-	-	1	-	260	80,00 %
	oder	-	-	-	-	-	-	-	-	-	-	-	-	-	65	20,00 %
															325	**100,00 %**
1+✪✪	immer	-	-	-	-	-	-	-	-	-	-	-	-	5	**26**	**100,00 %**

*) Den Gewinnrang für zwei richtige Zahlen ohne richtige Sternzahl gibt es nur bei EuroMillions, bei EuroJackpot nicht!

Garantietabelle für „DS 27/27/5" – 27 Zahlen in 27 Fünferreihen

Richtige Gew.Zhl.		5+ ✪✪	5+ ✪	5 -er	4+ ✪✪	4+ ✪	4 -er	3+ ✪✪	3+ ✪	3 -er	2+ ✪✪	2+ ✪	2-er *)	1+ ✪✪	Anzahl Fälle	Chancen Prozent
5+✪✪	entw.	1	-	-	-	-	-	-	-	-	-	-	-	20	27	0,03 %
	oder	-	-	-	1	-	-	-	-	-	0-4	-	-	13-21	2.970	3,68 %
	oder	-	-	-	-	-	-	1-2	-	-	1-7	-	-	8-18	52.650	65,22 %
	oder	-	-	-	-	-	-	-	-	-	5-10	-	-	5-15	25.083	31,07 %
															80.730	**100,00 %**
5+✪	entw.	-	1	-	-	-	-	-	-	-	-	-	-	-	27	0,03 %
	oder	-	-	-	-	1	-	-	-	-	-	0-4	-	-	2.970	3,68 %
	oder	-	-	-	-	-	-	-	1-2	-	-	1-7	-	-	52.650	65,22 %
	oder	-	-	-	-	-	-	-	-	-	-	5-10	-	-	25.083	31,07 %
															80.730	**100,00 %**
5-er	entw.	-	-	1	-	-	-	-	-	-	-	-	-	-	27	0,03 %
	oder	-	-	-	-	-	1	-	-	-	-	-	0-4	-	2.970	3,68 %
	oder	-	-	-	-	-	-	-	-	1-2	-	-	1-7	-	52.650	65,22 %
	oder	-	-	-	-	-	-	-	-	-	-	-	5-10	-	25.083	31,07 %
															80.730	**100,00 %**
4+✪✪	entw.	-	-	-	1	-	-	-	-	-	-	-	-	16	135	0,77 %
	oder	-	-	-	-	-	-	1	-	-	0-3	-	-	11-17	5.940	33,85 %
	oder	-	-	-	-	-	-	-	-	-	2-6	-	-	8-16	11.475	65,38 %
															17.550	**100,00 %**
4+✪	entw.	-	-	-	-	1	-	-	-	-	-	-	-	-	135	0,77 %
	oder	-	-	-	-	-	-	-	1	-	-	0-3	-	-	5.940	33,85 %
	oder	-	-	-	-	-	-	-	-	-	-	2-6	-	-	11.475	65,38 %
															17.550	**100,00 %**
4-er	entw.	-	-	-	-	-	1	-	-	-	-	-	-	-	135	0,77 %
	oder	-	-	-	-	-	-	-	-	1	-	-	0-3	-	5.940	33,85 %
	oder	-	-	-	-	-	-	-	-	-	-	-	2-6	-	11.475	65,38 %
															17.550	**100,00 %**
3+✪✪	entw.	-	-	-	-	-	-	1	-	-	-	-	-	12	270	9,23 %
	oder	-	-	-	-	-	-	-	-	-	1-3	-	-	9-13	2.655	90,77 %
															2.925	**100,00 %**
3+✪	entw.	-	-	-	-	-	-	-	1	-	-	-	-	-	270	9,23 %
	oder	-	-	-	-	-	-	-	-	-	-	1-3	-	-	2.655	90,77 %
															2.925	**100,00 %**
3-er	entw.	-	-	-	-	-	-	-	-	1	-	-	-	-	270	9,23 %
	oder	-	-	-	-	-	-	-	-	-	-	-	1-3	-	2.655	90,77 %
															2.925	**100,00 %**
2+✪✪	entw.	-	-	-	-	-	-	-	-	-	1	-	-	8	270	76,92 %
	oder	-	-	-	-	-	-	-	-	-	-	-	-	10	81	23,07 %
															351	**100,00 %**
2+✪	entw.	-	-	-	-	-	-	-	-	-	-	1	-	-	270	76,92 %
	oder	-	-	-	-	-	-	-	-	-	-	-	-	-	81	23,07 %
															351	**100,00 %**
2-er *)	entw.	-	-	-	-	-	-	-	-	-	-	-	1	-	270	76,92 %
	oder	-	-	-	-	-	-	-	-	-	-	-	-	-	81	23,07 %
															351	**100,00 %**
1+✪✪	immer	-	-	-	-	-	-	-	-	-	-	-	-	5	27	100,00 %

*) Den Gewinnrang für zwei richtige Zahlen ohne richtige Sternzahl gibt es nur bei EuroMillions, bei EuroJackpot nicht!

Garantietabelle für „DS 28/28/5" – 28 Zahlen in 28 Fünferreihen

Richtige Gew.Zhl.		5+✿✿	5+✿	5-er	4+✿✿	4+✿	4-er	3+✿✿	3+✿	3-er	2+✿✿	2+✿	2-er *)	1+✿✿	Anzahl Fälle	Chancen Prozent
5+✿✿	entw.	1	-	-	-	-	-	-	-	-	-	-	-	20	28	0,03 %
	oder	-	-	-	1	-	-	-	-	-	0-4	-	-	13-21	3.220	3,28 %
	oder	-	-	-	-	-	-	1-2	-	-	0-7	-	-	8-20	60.760	61,82 %
	oder	-	-	-	-	-	-	-	-	-	4-10	-	-	5-17	34.272	34,87 %
															98.280	**100,00 %**
5+✿	entw.	-	1	-	-	-	-	-	-	-	-	-	-	-	28	0,03 %
	oder	-	-	-	-	1	-	-	-	-	-	0-4	-	-	3.220	3,28 %
	oder	-	-	-	-	-	-	-	1-2	-	-	0-7	-	-	60.760	61,82 %
	oder	-	-	-	-	-	-	-	-	-	-	4-10	-	-	34.272	34,87 %
															98.280	**100,00 %**
5-er	entw.	-	-	1	-	-	-	-	-	-	-	-	-	-	28	0,03 %
	oder	-	-	-	-	-	1	-	-	-	-	-	0-4	-	3.220	3,28 %
	oder	-	-	-	-	-	-	-	-	1-2	-	-	0-7	-	60.760	61,82 %
	oder	-	-	-	-	-	-	-	-	-	-	-	4-10	-	34.272	34,87 %
															98.280	**100,00 %**
4+✿✿	entw.	-	-	-	1	-	-	-	-	-	-	-	-	16	140	0,68 %
	oder	-	-	-	-	-	-	1	-	-	0-3	-	-	11-17	6.440	31,45 %
	oder	-	-	-	-	-	-	-	-	-	2-6	-	-	8-16	13.895	67,86 %
															20.475	**100,00 %**
4+✿	entw.	-	-	-	-	1	-	-	-	-	-	-	-	-	140	0,68 %
	oder	-	-	-	-	-	-	-	1	-	-	0-3	-	-	6.440	31,45 %
	oder	-	-	-	-	-	-	-	-	-	-	2-6	-	-	13.895	67,86 %
															20.475	**100,00 %**
4-er	entw.	-	-	-	-	-	1	-	-	-	-	-	-	-	140	0,68 %
	oder	-	-	-	-	-	-	-	-	1	-	-	0-3	-	6.440	31,45 %
	oder	-	-	-	-	-	-	-	-	-	-	-	2-6	-	13.895	67,86 %
															20.475	**100,00 %**
3+✿✿	entw.	-	-	-	-	-	-	1	-	-	-	-	-	12	280	8,54 %
	oder	-	-	-	-	-	-	-	-	-	1-3	-	-	9-13	2.996	91,45 %
															3.276	**100,00 %**
3+✿	entw.	-	-	-	-	-	-	-	1	-	-	-	-	-	280	8,54 %
	oder	-	-	-	-	-	-	-	-	-	-	1-3	-	-	2.996	91,45 %
															3.276	**100,00 %**
3-er	entw.	-	-	-	-	-	-	-	-	1	-	-	-	-	280	8,54 %
	oder	-	-	-	-	-	-	-	-	-	-	-	1-3	-	2.996	91,45 %
															3.276	**100,00 %**
2+✿✿	entw.	-	-	-	-	-	-	-	-	-	1	-	-	8	280	74,07 %
	oder	-	-	-	-	-	-	-	-	-	-	-	-	10	98	25,92 %
															378	**100,00 %**
2+✿	entw.	-	-	-	-	-	-	-	-	-	-	1	-	-	280	74,07 %
	oder	-	-	-	-	-	-	-	-	-	-	-	-	-	98	25,92 %
															378	**100,00 %**
2-er *)	entw.	-	-	-	-	-	-	-	-	-	-	-	1	-	280	74,07 %
	oder	-	-	-	-	-	-	-	-	-	-	-	-	-	98	25,92 %
															378	**100,00 %**
1+✿✿	immer	-	-	-	-	-	-	-	-	-	-	-	-	5	28	100,00 %

*) Den Gewinnrang für zwei richtige Zahlen ohne richtige Sternzahl gibt es nur bei EuroMillions, bei EuroJackpot nicht!

Garantietabelle für „DS 29/29/5" – 29 Zahlen in 29 Fünferreihen

Richtige Gew.Zhl.		5+ ✪✪	5+ ✪	5 -er	4+ ✪✪	4+ ✪	4 -er	3+ ✪✪	3+ ✪	3 -er	2+ ✪✪	2+ ✪	2-er *)	1+ ✪✪	Anzahl Fälle	Chancen Prozent
5+✪✪	entw.	1	-	-	-	-	-	-	-	-	-	-	-	20	29	0,02 %
	oder	-	-	-	1	-	-	-	-	-	0-4	-	-	13-21	3.480	2,93 %
	oder	-	-	-	-	-	-	1-2	-	-	0-7	-	-	8-20	69.600	58,61 %
	oder	-	-	-	-	-	-	-	-	-	4-10	-	-	5-17	45.646	38,44 %
															118.755	**100,00 %**
5+✪	entw.	-	1	-	-	-	-	-	-	-	-	-	-	-	29	0,02 %
	oder	-	-	-	-	1	-	-	-	-	0-4	-	-	-	3.480	2,93 %
	oder	-	-	-	-	-	-	-	1-2	-	0-7	-	-	-	69.600	58,61 %
	oder	-	-	-	-	-	-	-	-	-	4-10	-	-	-	45.646	38,44 %
															118.755	**100,00 %**
5-er	entw.	-	-	1	-	-	-	-	-	-	-	-	-	-	29	0,02 %
	oder	-	-	-	-	-	1	-	-	-	-	-	0-4	-	3.480	2,93 %
	oder	-	-	-	-	-	-	-	-	1-2	-	-	0-7	-	69.600	58,61 %
	oder	-	-	-	-	-	-	-	-	-	-	-	4-10	-	45.646	38,44 %
															118.755	**100,00 %**
4+✪✪	entw.	-	-	-	1	-	-	-	-	-	-	-	-	16	145	0,61 %
	oder	-	-	-	-	-	-	1	-	-	0-3	-	-	11-17	6.960	29,30 %
	oder	-	-	-	-	-	-	-	-	-	2-6	-	-	8-16	16.646	70,08 %
															23.751	**100,00 %**
4+✪	entw.	-	-	-	-	1	-	-	-	-	-	-	-	-	145	0,61 %
	oder	-	-	-	-	-	-	-	1	-	0-3	-	-	-	6.960	29,30 %
	oder	-	-	-	-	-	-	-	-	-	2-6	-	-	-	16.646	70,08 %
															23.751	**100,00 %**
4-er	entw.	-	-	-	-	-	1	-	-	-	-	-	-	-	145	0,61 %
	oder	-	-	-	-	-	-	-	-	1	-	-	0-3	-	6.960	29,30 %
	oder	-	-	-	-	-	-	-	-	-	-	-	2-6	-	16.646	70,08 %
															23.751	**100,00 %**
3+✪✪	entw.	-	-	-	-	-	-	1	-	-	-	-	-	12	290	7,93 %
	oder	-	-	-	-	-	-	-	-	-	1-3	-	-	9-13	3.364	92,06 %
															3.654	**100,00 %**
3+✪	entw.	-	-	-	-	-	-	-	1	-	-	-	-	-	290	7,93 %
	oder	-	-	-	-	-	-	-	-	-	-	1-3	-	-	3.364	92,06 %
															3.654	**100,00 %**
3-er	entw.	-	-	-	-	-	-	-	-	1	-	-	-	-	290	7,93 %
	oder	-	-	-	-	-	-	-	-	-	-	-	1-3	-	3.364	92,06 %
															3.654	**100,00 %**
2+✪✪	entw.	-	-	-	-	-	-	-	-	-	1	-	-	8	290	71,43 %
	oder	-	-	-	-	-	-	-	-	-	-	-	-	10	116	28,57 %
															406	**100,00 %**
2+✪	entw.	-	-	-	-	-	-	-	-	-	-	1	-	-	290	71,43 %
	oder	-	-	-	-	-	-	-	-	-	-	-	-	-	116	28,57 %
															406	**100,00 %**
2-er *)	entw.	-	-	-	-	-	-	-	-	-	-	-	1	-	290	71,43 %
	oder	-	-	-	-	-	-	-	-	-	-	-	-	-	116	28,57 %
															406	**100,00 %**
1+✪✪	immer	-	-	-	-	-	-	-	-	-	-	-	-	5	29	100,00 %

*) Den Gewinnrang für zwei richtige Zahlen ohne richtige Sternzahl gibt es nur bei EuroMillions, bei EuroJackpot nicht!

Garantietabelle für „DS 30/30/5" – 30 Zahlen in 30 Fünferreihen

Richtige Gew.Zhl.		5+ ✪✪	5+ ✪	5 -er	4+ ✪✪	4+ ✪	4 -er	3+ ✪✪	3+ ✪	3 -er	2+ ✪✪	2+ ✪	2-er *)	1+ ✪✪	Anzahl Fälle	Chancen Prozent
5+✪✪	entw.	1	-	-	-	-	-	-	-	-	-	-	-	20	30	0,02 %
	oder	-	-	-	1	-	-	-	-	-	0-4	-	-	13-21	3.750	2,63 %
	oder	-	-	-	-	-	-	1-2	-	-	0-7	-	-	8-20	79.200	55,57 %
	oder	-	-	-	-	-	-	-	-	-	4-10	-	-	5-17	59.526	41,77 %
															142.506	**100,00 %**
5+✪	entw.	-	1	-	-	-	-	-	-	-	-	-	-	-	30	0,02 %
	oder	-	-	-	-	1	-	-	-	-	-	0-4	-	-	3.750	2,63 %
	oder	-	-	-	-	-	-	-	1-2	-	-	0-7	-	-	79.200	55,57 %
	oder	-	-	-	-	-	-	-	-	-	-	4-10	-	-	59.526	41,77 %
															142.506	**100,00 %**
5-er	entw.	-	-	1	-	-	-	-	-	-	-	-	-	-	30	0,02 %
	oder	-	-	-	-	-	1	-	-	-	-	-	0-4	-	3.750	2,63 %
	oder	-	-	-	-	-	-	-	-	1-2	-	-	0-7	-	79.200	55,57 %
	oder	-	-	-	-	-	-	-	-	-	-	-	4-10	-	59.526	41,77 %
															142.506	**100,00 %**
4+✪✪	entw.	-	-	-	1	-	-	-	-	-	-	-	-	16	150	0,55 %
	oder	-	-	-	-	-	-	1	-	-	0-3	-	-	11-17	7.500	27,37 %
	oder	-	-	-	-	-	-	-	-	-	2-6	-	-	8-16	19.755	72,08 %
															27.405	**100,00 %**
4+✪	entw.	-	-	-	-	1	-	-	-	-	-	-	-	-	150	0,55 %
	oder	-	-	-	-	-	-	-	1	-	-	0-3	-	-	7.500	27,37 %
	oder	-	-	-	-	-	-	-	-	-	-	2-6	-	-	19.755	72,08 %
															27.405	**100,00 %**
4-er	entw.	-	-	-	-	-	1	-	-	-	-	-	-	-	150	0,55 %
	oder	-	-	-	-	-	-	-	-	1	-	-	0-3	-	7.500	27,37 %
	oder	-	-	-	-	-	-	-	-	-	-	-	2-6	-	19.755	72,08 %
															27.405	**100,00 %**
3+✪✪	entw.	-	-	-	-	-	-	1	-	-	-	-	-	12	300	7,39 %
	oder	-	-	-	-	-	-	-	-	-	1-3	-	-	9-13	3.750	92,36 %
	oder	-	-	-	-	-	-	-	-	-	-	-	-	15	10	0,25 %
															4.060	**100,00 %**
3+✪	entw.	-	-	-	-	-	-	-	1	-	-	-	-	-	300	7,39 %
	oder	-	-	-	-	-	-	-	-	-	-	1-3	-	-	3.750	92,36 %
	oder	-	-	-	-	-	-	-	-	-	-	-	-	-	10	0,25 %
															4.060	**100,00 %**
3-er	entw.	-	-	-	-	-	-	-	-	1	-	-	-	-	300	7,39 %
	oder	-	-	-	-	-	-	-	-	-	-	-	1-3	-	3.750	92,36 %
	oder	-	-	-	-	-	-	-	-	-	-	-	-	-	10	0,25 %
															4.060	**100,00 %**
2+✪✪	entw.	-	-	-	-	-	-	-	-	-	1	-	-	8	300	68,96 %
	oder	-	-	-	-	-	-	-	-	-	-	-	-	10	135	31,03 %
															435	**100,00 %**
2+✪	entw.	-	-	-	-	-	-	-	-	-	-	1	-	-	300	68,96 %
	oder	-	-	-	-	-	-	-	-	-	-	-	-	-	135	31,03 %
															435	**100,00 %**
2-er *)	entw.	-	-	-	-	-	-	-	-	-	-	-	1	-	300	68,96 %
	oder	-	-	-	-	-	-	-	-	-	-	-	-	-	135	31,03 %
															435	**100,00 %**
1+✪✪	immer	-	-	-	-	-	-	-	-	-	-	-	-	5	30	100,00 %

*) Den Gewinnrang für zwei richtige Zahlen ohne richtige Sternzahl gibt es nur bei EuroMillions, bei EuroJackpot nicht!

Garantietabelle für „DS 31/31/5" – 31 Zahlen in 31 Fünferreihen

Richtige Gew.Zhl.		5+ ✪✪	5+ ✪	5 -er	4+ ✪✪	4+ ✪	4 -er	3+ ✪✪	3+ ✪	3 -er	2+ ✪✪	2+ ✪	2-er *)	1+ ✪✪	Anzahl Fälle	Chancen Prozent
5+✪✪	entw.	1	-	-	-	-	-	-	-	-	-	-	-	20	31	0,02 %
	oder	-	-	-	1	-	-	-	-	-	0-4	-	-	13-21	4.030	2,37 %
	oder	-	-	-	-	-	-	1-2	-	-	0-7	-	-	8-20	89.590	52,73 %
	oder	-	-	-	-	-	-	-	-	-	4-10	-	-	5-17	76.260	44,88 %
															169.911	**100,00 %**
5+✪	entw.	-	1	-	-	-	-	-	-	-	-	-	-	-	31	0,02 %
	oder	-	-	-	-	1	-	-	-	-	-	0-4	-	-	4.030	2,37 %
	oder	-	-	-	-	-	-	-	1-2	-	-	0-7	-	-	89.590	52,73 %
	oder	-	-	-	-	-	-	-	-	-	-	4-10	-	-	76.260	44,88 %
															169.911	**100,00 %**
5-er	entw.	-	-	1	-	-	-	-	-	-	-	-	-	-	31	0,02 %
	oder	-	-	-	-	-	1	-	-	-	-	-	0-4	-	4.030	2,37 %
	oder	-	-	-	-	-	-	-	-	1-2	-	-	0-7	-	89.590	52,73 %
	oder	-	-	-	-	-	-	-	-	-	-	-	4-10	-	76.260	44,88 %
															169.911	**100,00 %**
4+✪✪	entw.	-	-	-	1	-	-	-	-	-	-	-	-	16	155	0,49 %
	oder	-	-	-	-	-	-	1	-	-	0-3	-	-	11-17	8.060	25,61 %
	oder	-	-	-	-	-	-	-	-	-	2-6	-	-	8-16	23.250	73,89 %
															31.465	**100,00 %**
4+✪	entw.	-	-	-	-	1	-	-	-	-	-	-	-	-	155	0,49 %
	oder	-	-	-	-	-	-	-	1	-	-	0-3	-	-	8.060	25,61 %
	oder	-	-	-	-	-	-	-	-	-	-	2-6	-	-	23.250	73,89 %
															31.465	**100,00 %**
4-er	entw.	-	-	-	-	-	1	-	-	-	-	-	-	-	155	0,49 %
	oder	-	-	-	-	-	-	-	-	1	-	-	0-3	-	8.060	25,61 %
	oder	-	-	-	-	-	-	-	-	-	-	-	2-6	-	23.250	73,89 %
															31.465	**100,00 %**
3+✪✪	entw.	-	-	-	-	-	-	1	-	-	-	-	-	12	310	6,90 %
	oder	-	-	-	-	-	-	-	-	-	1-3	-	-	9-13	4.185	93,10 %
															4.495	**100,00 %**
3+✪	entw.	-	-	-	-	-	-	-	1	-	-	-	-	-	310	6,90 %
	oder	-	-	-	-	-	-	-	-	-	-	1-3	-	-	4.185	93,10 %
															4.495	**100,00 %**
3-er	entw.	-	-	-	-	-	-	-	-	1	-	-	-	-	310	6,90 %
	oder	-	-	-	-	-	-	-	-	-	-	-	1-3	-	4.185	93,10 %
															4.495	**100,00 %**
2+✪✪	entw.	-	-	-	-	-	-	-	-	-	1	-	-	8	310	66,67 %
	oder	-	-	-	-	-	-	-	-	-	-	-	-	10	155	33,33 %
															465	**100,00 %**
2+✪	entw.	-	-	-	-	-	-	-	-	-	-	1	-	-	310	66,67 %
	oder	-	-	-	-	-	-	-	-	-	-	-	-	-	155	33,33 %
															465	**100,00 %**
2-er *)	entw.	-	-	-	-	-	-	-	-	-	-	-	1	-	310	66,67 %
	oder	-	-	-	-	-	-	-	-	-	-	-	-	-	155	33,33 %
															465	**100,00 %**
1+✪✪	immer	-	-	-	-	-	-	-	-	-	-	-	-	5	31	100,00 %

*) Den Gewinnrang für zwei richtige Zahlen ohne richtige Sternzahl gibt es nur bei EuroMillions, bei EuroJackpot nicht!

Garantietabelle für „DS 32/32/5" – 32 Zahlen in 32 Fünferreihen

Richtige Gew.Zhl.		5+ ✪✪	5+ ✪	5 -er	4+ ✪✪	4+ ✪	4 -er	3+ ✪✪	3+ ✪	3 -er	2+ ✪✪	2+ ✪	2-er *)	1+ ✪✪	Anzahl Fälle	Chancen Prozent
5+✪✪	entw.	1	-	-	-	-	-	-	-	-	-	-	-	20	32	0,02 %
	oder	-	-	-	1	-	-	-	-	-	0-4	-	-	13-21	4.320	2,15 %
	oder	-	-	-	-	-	-	1-2	-	-	0-7	-	-	8-20	100.800	50,06 %
	oder	-	-	-	-	-	-	-	-	-	3-10	-	-	5-19	96.224	47,78 %
															201.376	**100,00 %**
5+✪	entw.	-	1	-	-	-	-	-	-	-	-	-	-	-	32	0,02 %
	oder	-	-	-	-	1	-	-	-	-	-	0-4	-	-	4.320	2,15 %
	oder	-	-	-	-	-	-	-	1-2	-	-	0-7	-	-	100.800	50,06 %
	oder	-	-	-	-	-	-	-	-	-	-	3-10	-	-	96.224	47,78 %
															201.376	**100,00 %**
5-er	entw.	-	-	1	-	-	-	-	-	-	-	-	-	-	32	0,02 %
	oder	-	-	-	-	-	1	-	-	-	-	-	0-4	-	4.320	2,15 %
	oder	-	-	-	-	-	-	-	-	1-2	-	-	0-7	-	100.800	50,06 %
	oder	-	-	-	-	-	-	-	-	-	-	-	3-10	-	96.224	47,78 %
															201.376	**100,00 %**
4+✪✪	entw.	-	-	-	1	-	-	-	-	-	-	-	-	16	160	0,44 %
	oder	-	-	-	-	-	-	1	-	-	0-3	-	-	11-17	8.640	24,03 %
	oder	-	-	-	-	-	-	-	-	-	1-6	-	-	8-18	27.160	75,53 %
															35.960	**100,00 %**
4+✪	entw.	-	-	-	-	1	-	-	-	-	-	-	-	-	160	0,44 %
	oder	-	-	-	-	-	-	-	1	-	-	0-3	-	-	8.640	24,03 %
	oder	-	-	-	-	-	-	-	-	-	-	1-6	-	-	27.160	75,53 %
															35.960	**100,00 %**
4-er	entw.	-	-	-	-	-	1	-	-	-	-	-	-	-	160	0,44 %
	oder	-	-	-	-	-	-	-	-	1	-	-	0-3	-	8.640	24,03 %
	oder	-	-	-	-	-	-	-	-	-	-	-	1-6	-	27.160	75,53 %
															35.960	**100,00 %**
3+✪✪	entw.	-	-	-	-	-	-	1	-	-	-	-	-	12	320	6,45 %
	oder	-	-	-	-	-	-	-	-	-	1-3	-	-	9-13	4.608	92,90 %
	oder	-	-	-	-	-	-	-	-	-	-	-	-	15	32	0,64 %
															4.960	**100,00 %**
3+✪	entw.	-	-	-	-	-	-	-	1	-	-	-	-	-	320	6,45 %
	oder	-	-	-	-	-	-	-	-	-	-	1-3	-	-	4.608	92,90 %
	oder	-	-	-	-	-	-	-	-	-	-	-	-	-	32	0,64 %
															4.960	**100,00 %**
3-er	entw.	-	-	-	-	-	-	-	-	1	-	-	-	-	320	6,45 %
	oder	-	-	-	-	-	-	-	-	-	-	-	1-3	-	4.608	92,90 %
	oder	-	-	-	-	-	-	-	-	-	-	-	-	-	32	0,64 %
															4.960	**100,00 %**
2+✪✪	entw.	-	-	-	-	-	-	-	-	-	1	-	-	8	320	64,51 %
	oder	-	-	-	-	-	-	-	-	-	-	-	-	10	176	35,48 %
															496	**100,00 %**
2+✪	entw.	-	-	-	-	-	-	-	-	-	-	1	-	-	320	64,51 %
	oder	-	-	-	-	-	-	-	-	-	-	-	-	-	176	35,48 %
															496	**100,00 %**
2-er *)	entw.	-	-	-	-	-	-	-	-	-	-	-	1	-	320	64,51 %
	oder	-	-	-	-	-	-	-	-	-	-	-	-	-	176	35,48 %
															496	**100,00 %**
1+✪✪	immer	-	-	-	-	-	-	-	-	-	-	-	-	5	**32**	**100,00 %**

*) Den Gewinnrang für zwei richtige Zahlen ohne richtige Sternzahl gibt es nur bei EuroMillions, bei EuroJackpot nicht!

Anhang

Übersicht über weitere Systembücher für Zahlenlotterien

Ein bekanntes Sprichwort sagt, *„dass viele Wege nach Rom führen".* So verhält es sich auch bei Zahlenlotterien: Man kann mit den unterschiedlichsten Systemen Erfolg haben! Um für möglichst alle Spieltechniken und Strategien etwas Passendes anbieten zu können, befinden sich in unserem Buchsortiment über 20 Systembücher für Lotto und Auswahlwette. Viele Bücher stammen vom befreundeten System-Verlag, dessen komplettes Buch- und Softwaresortiment wir ebenfalls vertreiben.

Abgedeckt werden dabei die unterschiedlichsten Strategien wie Garantie-Systeme, Favoritenzahlen-Systeme mit Haupt- und Nebenzahlen, Kombisysteme oder Bankzahlen-Systeme. Einen Überblick über den aktuellen Buchbestand mit näheren Informationen zum Buchinhalt erfahren Sie in unserem Katalog und auf unseren Seiten im Internet im Wettsysteme-Shop. Hier ein Kurzüberblick:

Sammelbände

„Die besten Diagonalsysteme für Lotto und Keno"

In diesem Buch befinden sich die besten Diagonalsysteme für 7 bis 32 Zahlen in Sechserreihen. Diese können sowohl im Lotto per normalen Tippreihen als auch im Keno per Kenotyp 6 gespielt werden. Im Buch befinden sich deshalb Garantietabellen für Lotto und für Keno. Das Buch hat 112 Seiten und kann entweder im Buchhandel im Taschenbuchformat oder bei uns im DIN A4-Format mit Spiralbindung erworben werden. Nur bei uns gibt es auch die Komplettausgabe, in dem sich alle Systeme von 7 bis 49 Zahlen befinden. 141 Seiten DIN A4-Spiralbindung.

„Die besten Lottosysteme mit 36 Zahlen"

Insgesamt 44 Systeme für jeweils 36 Zahlen, davon sind 14 Systeme in Normalreihen zwischen 6 und 816 Tippreihen. Die restlichen 30 Systeme in Kurzschreibweise (7er, 8er, 9er, 10er, 11er und 12er-Reihen). Incl. drei Fangnetze für 45, 48 und 49 Zahlen.

Das *„Fangnetz 49/7/36"* - Alle 49 Lottozahlen werden unterteilt in 7 Systemreihen à 36 Zahlen

1. Reihe:	1	2	3	4	5	6	8	9	10	11	12	13	15	16	17	18	19	20	22	23	24	25	26	27	29	30	31	32	33	34	36	37	38	39	40	41
2. Reihe:	1	2	3	4	5	7	8	10	11	12	14	15	16	17	18	19	21	22	23	24	25	26	28	29	30	31	32	33	35	43	44	45	46	47	49	
3. Reihe:	1	2	3	4	6	7	8	9	10	11	13	14	15	16	17	18	20	21	22	23	24	25	27	28	36	37	38	39	41	42	43	44	45	46	48	49
4. Reihe:	1	2	3	5	6	7	8	9	10	12	13	14	15	16	17	19	20	21	29	30	31	33	34	35	36	37	38	40	41	42	43	44	45	47	48	49
5. Reihe:	1	2	4	5	6	7	8	9	11	12	13	14	22	23	25	26	27	28	29	30	32	33	34	35	36	37	39	40	41	42	43	44	46	47	48	49
6. Reihe:	1	3	4	5	6	7	15	17	18	19	20	21	22	24	25	26	27	28	29	31	32	33	34	35	36	38	39	40	41	42	43	45	46	47	48	49
7. Reihe:	9	10	11	12	13	14	16	17	18	19	20	21	23	24	25	26	27	28	30	31	32	33	34	35	37	38	39	40	41	42	44	45	46	47	48	49

Mit dem *„Fangnetz 49/7/36"* gelingt es immer, dass mit den Fangnetzreihen mindestens Fünfer eingefangen werden, meist mehrfach. In fast zwei Drittel der Fälle bleiben sogar alle sechs Gewinnzahlen in einer oder mehreren Fangnetzreihen hängen. Welche Treffer jedoch tatsächlich erreicht werden, das hängt u.a. von der Trefferstärke des 36-Zahlensystems ab, das man siebenmal gespielt und dabei jeweils die Zahlen aus den Fangnetzreihen eingesetzt hat. Dieses Buch ist unser Bestseller, bereits in der fünften Auflage - 164 Seiten DIN A4 – Klebebindung, auch im Buchhandel erhältlich. Eine überarbeitete Neuauflage ist für das Jahr 2025 geplant.

„Die besten Systeme mit 28 Zahlen"

Insgesamt 37 Systeme für jeweils 28 Zahlen: 13 Systeme in Normalreihen mit 16, 22, 32, 34, 50, 91, 105, 119, 186, 189, 233 und 404 Tippreihen. Die restlichen 25 Systeme in Kurzschreibweise (7er, 8er, 9er, 10er, 12er und 16er-Reihen). Einige Systeme mit hoher „5aus6"-Garantie. Auch hier gibt es ein Fangnetz: „49/7/28". 40 Seiten DIN A4-Spiralbindung.

„Systeme und Fangnetze für 18 Zahlen"

Neun Normalreihen-Systeme sowie sechs Fangnetze für jeweils 18 Zahlen sind in diesem neuen Buch enthalten. Das kleinste System umfasst 6 Tipps. Das größte Normalreihensystem ist ein „Gruppensystem" mit 33-prozentiger Sechsergarantie in nur 243 Tippreihen. 40 Seiten DIN A4-Spiralbindung.

„Systeme, die Gewinner machen"

Sammelband mit über 40 Systemen für Lotto, vom Minisystem mit 8 Zahlen bis hin zum Großsystem mit 40 Zahlen in 880 Reihen. Z.B. 16 Zahlen in 160 Reihen mit „4aus4"-Garantie, 20 Zahlen in 40 Reihen oder 31 Zahlen in 62 Reihen. Enthalten sind auch Totosysteme für 7 bis 11 Dreiwege. Incl. dem 11-Dreiwege-System „11D729". Dieses System trifft exakt entweder einen Neuner, einen Zehner oder einen Elfer, ganz egal wie die Ergebnisreihe aussieht. 50 Seiten DIN A4-Spiralbindung.

„Lotto-Erfolgsgiganten"

18 Systeme für den Bereich von 22 bis 49 Zahlen. Enthalten sind z.B. folgende Normalreihen-Systeme: 22 Zahlen in 189 Reihen, 24 Zahlen in 16 und 24 Reihen, 30 Zahlen in 35 Reihen, 36 Zahlen in 36 und 454 Reihen, 42 Zahlen in 252 Reihen, 44 Zahlen in 330 Reihen, 49 Zahlen in 34 Reihen mit einer Bank) sowie „Das Lottosystem, das immer gewinnt" in der Version mit 49 Zahlen in 176 Tippreihen. Auch Kombisysteme sind enthalten, z.B. 24 Zahlen in 14 Zwölferreihen, 36 Zahlen in 48 Zwölferreihen und 44 Zahlen in 11 Sechzehnerreihen: 33 Seiten DIN A4-Spiralbindung.

„Lotto-Super-Chance"

Vier Systeme für 49 Zahlen und vier Systeme für 45 Zahlen. Jeweils mit 0, 1, 2 und 3 Bankzahlen. Absolutes Highlight ist das System mit 49 Zahlen in 172 Reihen: bei drei richtigen Bankzahlen ist als Mindestgewinn der Fünfer garantiert! Das Gegenstück für die Auswahlwette ist das System 45 Zahlen in 140 Reihen. Hier ist bei drei richtigen Bankzahlen der Fünfer ebenfalls zu 100 % sicher! 30 Seiten DIN A4-Spiralbindung.

„Bingo"

Sieben Ausnahmesysteme für Lotto und Auswahlwette, z.B. 32 Zahlen in 160 Tippreihen, 45 Zahlen in 30 Zwölferreihen und 48 Zahlen in 336 Zwölferreihen. Für den Einzelspieler sehr interessant ist sicher das System mit 49 Zahlen in 60 Reihen incl. zwei Bankzahlen. Stimmen diese, dann gibt es mindestens einen Vierer und 18 Dreier. 23 Seiten DIN A4-Spiralbindung.

Kombisysteme

Unter *„Kombisysteme"* versteht man Lottosysteme, bei denen die Systemreihen aus mehr als sechs Zahlen bestehen. Der Vorteil ist, dass man die Systemreihen mit VEW- oder Vollsystemen spielen kann. *„Lotto-Spezial"* ist eine Buchserie, in denen sich nur Kombisysteme befinden. Dabei werden die Zahlenbereiche von 15-48 Zahlen in Kurzschreibweise mit 7er, 8er, 9er, 10er, 11er, 12er und sogar 16er-Kombinationen abgedeckt.

„Lotto-Spezial Band 1"

20 Systeme in Kurzschreibweise für 16 bis 40 Zahlen in 8er, 9er, 10er und 12er-Abdeckungen. Beispiel: 18 Zahlen in sieben Zwölferreihen mit 100 % *„5aus6"*-Garantie. 20 Zahlen in 5, 10, 15 und 20 Zwölferreihen, 32 Zahlen in 64 Neunerreihen, 40 Zahlen in 40 Neunerreihen. 40 Seiten DIN A4-Spiralbindung.

"Lotto-Spezial Band 2"

25 Systeme in Kurzschreibweise für 15 bis 40 Zahlen in 7er, 8er, 9er, 10er, 11er und 12er-Abdeckungen. Kleinstes System: 15 Zahlen in 15 x 7er-Reihen. Größtes System: 40 Zahlen in 120 Zwölferreihen. Ein Highlight ist das System 24 Zahlen in 42 Zwölferreihen mit der 100 %-Garantie *„5aus6"*! 35 Seiten DIN A4-Spiralbindung.

„Lotto-Spezial Band 3"

25 Systeme in Kurzschreibweise für 15 bis 48 Zahlen in 7er, 8er, 9er, 10er, 12er und 16er-Abdeckungen. Beispiele: 15 Zahlen in 10 Neunerreihen, 18 Zahlen in 18 Zehnerreihen, 20 Zahlen in 80 x Siebenerreihen, 32 Zahlen in 140 Achterreihen und 48 Zahlen in 18 Sechzehnerreihen. 77 Seiten DIN A4-Spiralbindung.

„Lotto-Formel 49/49/12"

Das Großsystem: Alle 49 Zahlen werden mit 49 Zwölferreihen abgedeckt. Der Spieleinsatz mit VEW22 erfordert 1.078 Reihen, mit VEW132 schon 6.468 Reihen und mit dem Vollsystem 012 sogar stolze 45.276 Reihen! Das System ist sicher nur für Großspieler und mittlere bis große Tippgemeinschaften geeignet. 10 Seiten DIN A4-Spiralbindung.

„Lotto-Formel 49/196/12"

Das Mammutsystem: Alle 49 Zahlen werden mit 196 Zwölferreihen abgedeckt. Der Spieleinsatz mit VEW22 erfordert 4.312 Reihen, mit VEW132 stolze 25.872 Reihen und mit dem Vollsystem 181.104 Reihen. Die *„5aus6"*-Chance liegt bei ca. 30 %. 10 Seiten DIN A4-Spiralbindung.

Garantiesysteme

Im Lotto gibt es zehn Garantiestufen. Diese werden mit *„3aus3"*, *„3aus4"*, *„3aus5"*, *„3aus6"*, *„4aus4"*, *„4aus5"*, *„4aus6"*, *„5aus5"*, *„5aus6"* und *„6aus6"* bezeichnet: Die vordere Zahl gibt den garantierten Mindesttreffer an, die hintere Zahl gibt an, wie viele Zahlen getroffen wurden. *„4aus4"* bedeutet also, dass man den Vierer bekommt, wenn man vier Zahlen richtig getippt hat. Für die Garantiestufen *„3aus3"*, *„4aus4"* und *„5aus5"* gibt es jeweils ein Systembuch. Goldregen hat die Garantiestufe *„6aus7"* und bezieht die Zusatzzahl mit ein. Die Zusatzzahl gibt es zwar im Deutschen Lotto nicht mehr, dafür aber nach wie vor in der Auswahlwette 6 aus 45 und im österreichischen Lotto 6 aus 45.

„Lottosysteme mit Garantie 3aus3"

Insgesamt 25 Systeme für den Bereich von 7 bis 36 Zahlen. Z.B. 14 Zahlen in 25 Tippreihen, 16 Zahlen in 38 Tippreihen, 18 Zahlen in 48 Tippreihen, 20 Zahlen in 77 Tippreihen, 24 Zahlen in 120 Tippreihen, 32 Zahlen in 350 Tippreihen. Die Mindestgarantie *„3aus3"* wird meistens weit übertroffen. 60 Seiten DIN A4-Spiralbindung.

„Lottosysteme mit Garantie 4aus4"

Insgesamt zwölf Systeme für den Bereich von 10-24 Zahlen für die Vierer-Garantie. Z.B.: 11 Zahlen in 33 Reihen, 14 Zahlen in 87 Reihen, 17 Zahlen in 188 Reihen, 20 Zahlen in 488 Tippreihen, 24 Zahlen in 784 Tippreihen. Alle Abwicklungsschemas sind abgebildet. 63 Seiten DIN A4.

„Lottosysteme mit Garantie 5aus5"

Insgesamt zwölf Systeme für den Bereich von 8-24 Zahlen mit dieser trefferstarken Garantie-Stufe. Z.B. 8 Zahlen in 12 Reihen, 10 Zahlen in 50 Reihen, 11 Zahlen in 101 Reihen, 13 Zahlen in 245 Reihen, 16 Zahlen in 808 Reihen, 18 Zahlen in 1.797 Reihen sowie 24 Zahlen in 9.108 Reihen. 77 Seiten DIN A4-Spiralbindung.

„Goldregen"

Das 24-Zahlen-System für sehr, sehr große Spielgemeinschaften mit der atemberaubenden Garantie *„5ZZaus6ZZ"* bzw. *„6aus7"*: Der Fünfer mit Zusatzzahl ist hundertprozentig garantiert, wenn alle sechs Gewinnzahlen und die Zusatzzahl richtig sind. Die insgesamt 21.252 Tippreihen können mit 759 Vollsystemen à 008 in Kurzschreibweise gespielt werden. Mathematischer Sonderfall, deswegen perfekte Kombinatorik! Das System *„Goldregen"* ist besonders gut für Keno geeignet. Dort kostet der Einsatz *„nur"* 759 Euro. Eines separate, Keno spezifische Garantietabelle ist enthalten. 30 Seiten DIN A4-Spiralbindung.

Haupt- und Nebenzahlen-Systeme

Bei dieser Systemart sind die Systemzahlen in Haupt- und Nebenzahlen aufgeteilt, deswegen werden Favoritenzahlen-Systeme auch als Haupt- und Nebenzahlensysteme bezeichnet. Wie der Name schon vermuten lässt, sind die Hauptzahlen häufiger vertreten als die Nebenzahlen. Diese Systemtechnik bietet sich an, wenn man über Lieblingszahlen oder Trendzahlen verfügt und diese besonders gewichtet haben möchte. Favoritenzahlen-Systeme sind in der Auswahlwette *„6aus45"* sehr beliebt. Dort bieten sich die besonders Remis verdächtigen Fußballpaarungen als Hauptzahlen an, während man die nicht ganz so Unentschieden trächtigen Spiele im Nebenzahlenbereich einsetzt. Wir haben hierzu folgende Systembücher im Sortiment:

„Lottosysteme mit Favoritenzahlen"

11 Systeme mit Haupt- und Nebenzahlen z.B. 18 Haupt- und 31 Nebenzahlen in nur 77 Tippreihen, 7 Haupt- und 42 Nebenzahlen in 98 Tippreihen, 12 Hauptzahlen und 24 Nebenzahlen in 190 Tippreihen oder 10 Hauptzahlen und 26 Nebenzahlen in 36 Tippreihen. Incl. System 16/392 (100 % Fünfer bei 3 richtigen Haupt- und 3 richtigen Nebenzahlen). Im Buchtitel steht zwar *„Lottosysteme"*, die Systeme sind aber bestens für die Auswahlwette 6 aus 45 geeignet! 30 Seiten DIN A4-Spiralbindung.

„HN166"

Ein 36-Zahlen-System mit Favoritenzahlen. Dabei werden 12 Haupt- und 24 Nebenzahlen in 166 Tippreihen gespielt. Jede Hauptzahl erscheint 41-mal, jede Nebenzahl 21-mal. Bei drei richtigen Hauptzahlen sind als Mindestgewinn 6-23 Dreier garantiert. 7 Seiten DIN A4 - Spiralbindung.

„A25-20"

Sammelband mit 6 Systemen für die Auswahlwette 6aus45. Mit A25-20 werden 25 Zahlen in nur 20 Reihen gespielt. Die 25 Zahlen sind dabei in 15 Haupt- und in 10 Nebenzahlen aufgeteilt. Es sind kompakte Systeme, die gut vom Einzelspieler gespielt werden können, neben A25-20 gibt es A22-14, A25-50, A30-20, A36-60 sowie A36-168 als größtes System. 20 Seiten DIN A4 – Spiralbindung.

"6 TOP-Systeme für die Auswahlwette"

Sammelband mit 6 Auswahlwettesystemen für 14 bis 24 Zahlen. Ohne Bedingungen: 14 Zahlen in 423 Reihen mit Garantie 5aus5 und 21 Zahlen in 504 Reihen mit Garantie 4aus4. Mit HN-Unterteilung: 16 Zahlen in 56 Reihen - Garantie 4aus4 - zwei 8er-Blöcke, 18 Zahlen in 70 Reihen - Garantie 4aus4 - 8er und 10er-Block, 22 Zahlen in 189 Reihen - Garantie 4aus5 - 8er und 16er-Block, 24 Zahlen in 112 Reihen - Garantie 4aus4 - 8er und 10er-Block. 18 Seiten DIN A4.

Individualsysteme

Bei unseren Individualsystemen werden Unikate erstellt. Das Systembuch wird am Tag der Bestellung individuell für den Käufer angefertigt. Dabei wird das jeweilige Grundsystem zum abschreibfertigen Privatsystem (Unikat) umgewandelt, so dass jeder Käufer mit völlig verschiedenen Tippreihen spielt. Diese Umstellung wird mit speziell hierfür entwickelter Software durchgeführt. Bei diesen Büchern ist auch die Erstellung einer PDF und somit der Versand per E-Mail möglich.

„Lotto-Formel 49/49"

Mit diesem System werden alle 49 Zahlen in 49 Tippreihen gespielt. Das System wird als Individualsystem abschreibfertig hergestellt – Unikat-Fertigung. Es gibt vom Buch fünf Versionen: SINGLE – DOUBLE – TRIPLE – QUADRA – PENTA, mit denen somit 49, 98, 147, 196 oder 245 Tippreihen gespielt werden können. Die Reihen sind so überschneidungsarm konstruiert, dass im SINGLE-Unikat 9,8 der 13,9 Mio. Möglichkeiten abgedeckt werden. Die Trefferchance liegt bei ca. 70,3 %, beim SINGLE- und DOUBLE-Unikat zusammen schon bei 93,8 %, mit den weiteren bei nahezu 100 %. 37-81 Seiten DIN A4 – Spiralbindung

„Lotto-Formel 49/80"

Mit diesem System werden alle 49 Zahlen in 80 Tippreihen gespielt. Die Reihen sind so überschneidungsarm konstruiert, dass 12,5 der 13,9 Mio. Möglichkeiten abgedeckt werden. Die Trefferchance liegt bei ca. 90 %, durchschnittlich 77 Treffer werden damit innerhalb eines Jahres bei 52 Teilnahmen erzielt. Das Systembuch wird am Tag der Bestellung individuell für den Käufer angefertigt. Dabei wird das Grundsystem zum abschreibfertigen Privatsystem (Unikat) umgewandelt, so dass jeder Käufer mit völlig verschiedenen Tippreihen spielt. PDF-Versand per E-Mail möglich. 43 Seiten DIN A4 – Spiralbindung.

„49/163/6 - Das System, das immer trifft"

In diesem Buch ist ein Querschnitt über die historische Entwicklung des Lottosystems, das immer trifft, bis hin zum aktuellen Weltrekordsystem enthalten. Angefangen bei System „49/243/6" als Erstlösung, die erste Verbesserung durch „48/207/6" und natürlich das weltbekannte „49/176/6". Der aktuelle Weltrekord für 49 Zahlen liegt inzwischen bei nur 163 Tippreihen! Das „49/163/6" wird (wie die „Lotto-Formel 49/49" und „Lotto-Formel 49/80") für jeden Käufer als persönliches, abschreibfertiges Unikat hergestellt. Egal was gezogen wird, es werden damit immer Treffer (mindestens Dreier) erzielt. PDF-Versand per E-Mail möglich. 75 Seiten DIN A4 – Spiralbindung.

„Sechser-Jäger"

Stand August 2024 gibt es im Deutschen Lotto zwei Lottokombinationen, die schon fünfmal den Fünfer trafen und 83 Reihen, die schon viermal den Fünfer trafen. Diese Erfolgskombinationen bezeichnen wir als „TOP-Fünferreihen". Bei jeder dieser insgesamt 85 Reihen war der Sechser also schon vier- bzw. fünfmal ganz dicht auf Tuchfühlung, nur jeweils eine Zahl entfernt. Aufgrund den TOP-Fünferreihen wird der TOP-Fünferpool gebildet, es handelt sind momentan um 22.015 Tippreihen. Hierin befinden sich neben den TOP-Fünferreihen auch alle je 258 möglichen Abwandlungen. Unter Abwandlung versteht man eine Tippreihe, die sich um eine Zahl unterscheidet.

Aus dem TOP-Fünferpool werden nun 96 Tippreihen per Zufallsgenerator herausgefischt und als „Sechser-Jäger"-Unikat geliefert. Die 96 Reihen werden dabei mit dem Fangnetz „49/8/36" in acht Blöcken mit je 12 Tippreihen dargestellt, so dass man auch nur 12, 24, 36, 48, 60, 72, 84 autark spielen kann. 56 Seiten DIN A4 – Spiralbindung.

"HOT 18"

Sammelband mit fünf Kleinsystemen für jeweils 18 Zahlen mit 12, 18, 24, 42 und 48 Tippreihen. Alle Systeme sind individuell auf die Hotzahlen umgestellt und sofort abschreibfertig! Auch das individuelle Fangnetz „28/8/18" - 28 Zahlen unterteilt in acht 18er-Reihen - ist sofort abschreibfertig! PDF-Versand per E-Mail möglich. 34 Seiten DIN A4 – Spiralbindung.

Keno-Systembücher

In Deutschland wurde im Februar 2004 Keno eingeführt. In der deutschen Variante werden in der inzwischen täglich stattfindenden Ziehung 20 aus 70 Zahlen gezogen. Der Spieler kann selbst bestimmen, ob er zwischen zwei und zehn Zahlen auf dem Spielfeld ankreuzt, also den Kenotyp 2-10 spielt. Positiv dabei ist, dass die Quoten fest vorgegeben sind. Nur bei Kenotyp 9 und 10 kann es beim Haupttreffer im Extremfall vieler Gewinner eine Quotenreduktion geben. Inzwischen gibt es für diese interessante Zahlenlotterie die drei folgenden Werke:

„Das große Buch der Keno-Systeme"

Riesige Sammlung mit 128 Systemen für die Kenotypen 3-10, aufgeteilt in zwei Bände. Gespielt werden können Systeme mit bis zu 48 Zahlen. Die meisten Systeme bestehen aus wenigen Tippreihen, das größte System umfasst stolze 253 Tippreihen. Überwiegend sind die Systeme mittels eines Abrollschemas dargestellt, für 111 Systeme sind ausführliche Garantietabellen vorhanden. Taschenbuchformat.

„Keno – Die Zahlenlotterie"

Dieses Buch kann mit Recht als Grundwerk für Keno bezeichnet werden. *„Keno - Die Zahlenlotterie"* gibt es in drei Buch-Versionen: Die A-Version ist im Taschenbuchformat gedruckt und enthält detaillierte Untersuchungen über alle Kenotypen. Es gibt eindeutige Erkenntnisse und Empfehlungen, von welchen Kenotypen man unbedingt die Finger lassen muss und welche gespielt werden können. Im Buch sind 6 Kenosysteme abgebildet. Weitere 22 Kenosysteme bekommt man im Anhang B. Die B-Version besteht aus dem Taschenbuch (A) und dem Anhang B im DIN A4-Format mit Spiralbindung. Im Anhang C befinden sich weitere 23 Systeme (die Systeme aus der A- und B-Version sind ebenfalls enthalten). Je nach Version 133/155/175 Seiten.

„Goldregen"

Dieses Buch wurde bereits erwähnt. Dieses ursprünglich für Lotto konstruierte 24-Zahlen-System mit der atemberaubenden Garantie *„5ZZaus6ZZ"* (bzw. *„6aus7"*) ist auch für den Einsatz im Keno ideal geeignet. *„Goldregen"* besteht hier aus 759 Tippreihen mit Kenotyp 8. 30 Seiten DIN A4.

Kenosoftware „KenoMax"

„KenoMax" ist eine leistungsfähige Software für Keno, die es in den drei Versionen (S)mall, (M)edium und (L)arge gibt. Mit KenoMax kann man Tipps für alle neun Kenotypen durch manuelle Eingabe oder per Zufallsgenerator erstellen. Ab der (L)arge-Version können die Tipps auch per System erstellt werden. Das Programm bietet zum Zweck der Zahlenfindung und der Filtereinstellung umfangreiche Analyse-Möglichkeiten. Die Tipps können 1/10-mm genau auf die Keno-Tippscheine aller Bundesländer ausgedruckt werden. Enthalten ist das komplette Gewinnzahlenarchiv der bisherigen Ziehungen, fehlende Ziehungsdaten können manuell nachgetragen oder bequem per Mausklick übers Internet heruntergeladen werden. Gewinnauswertungen lassen sich für einen frei wählbaren Zeitraum durchführen, auf Wunsch auch für alle Ziehungen seit Beginn. Eine Testversion kann über unsere Internetseite heruntergeladen werden.

Lottosoftware „Lotto-BTC"

„BTC" steht für *„Best-Tipp-Creator"* und ermöglicht eine völlig neuartige Vorgehensweise beim Lotto spielen: Aus den riesigen Optimierungs- und Rangfolgedatenbanken können gezielt Tippreihen mit einer ganz gestimmten Trefferbilanz herausgefischt werden! Es kann auch eine Eingrenzung der Lottozahlen stattfinden. Bis zu 5 Bankzahlen und 20 Favoritenzahlen ermöglichen eine individuelle Eingrenzung. Die ermittelten Tippreihen können in eine Text- oder Exceldatei exportiert werden und so von anderen Lottoprogrammen importiert und weiterbearbeitet werden.

Die spannende Idee dieser Vorgehensweise ist, dass man auf diese Weise Lotto nicht per System spielt, sondern gezielt auf bisherige Erfolgsreihen setzt, im Vertrauen darauf, dass deren Erfolge weitergehen! Natürlich kann man auch auf vernachlässigte Kombinationen und auf deren Aufholen setzen. Es gibt auch die AT-Version mit den Optimierungs- und Rangfolgedatenbanken für das österreichische Lotto 6aus45 mit allen Sonntags-, Mittwochs- und Freitagsziehungen.

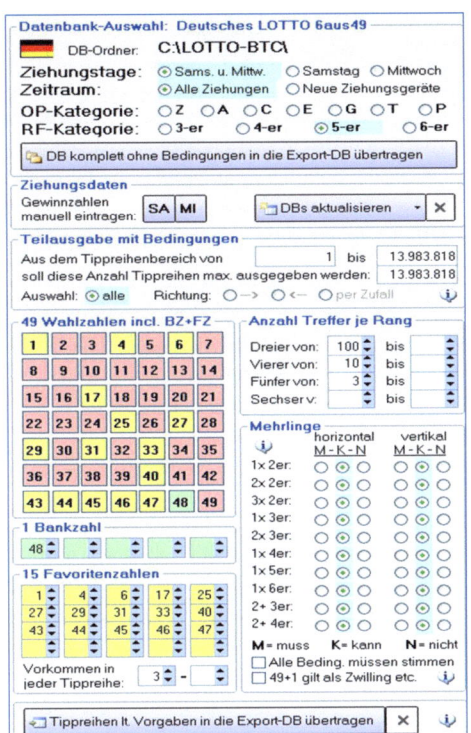

„Lotto-BTC" – Beispiel für Anwendung

Ausgewählt wird die Rangfolgedatenbank für Fünfer für alle Ziehungen im Samstags- und Mittwochslotto. Von den 49 Zahlen wurde keine ausgeschlossen, aber es wurde bestimmt, dass die Zahl 48 in allen Tippreihen vorkommen muss! Durch die Eingabe als Bankzahl (grün) wird das gewährleistet. Des Weiteren wurden 15 Favoritenzahlen angegeben (gelb). In jeder Tippreihe sollen mindestens drei dieser Zahlen vertreten sein.

Um die Anzahl der infrage kommenden Tippreihen weiter zu verkleinern, wurde bestimmt, dass die Trefferbilanz der Tippreihen mindestens 100 Dreier, 10 Vierer und 3 Fünfer aufweisen müssen!

Auf weitere Bedingungen wurde verzichtet. Man könnte das Vorkommen von Mehrlingen (Zwillinge, Drillinge, …) in allen Variationen sowohl horizontal als auch vertikal bestimmen. Oder den Tippreihenbereich eingrenzen, aus dem die Tippreihen stammen dürfen.

Das Ergebnis

Es bleiben nur 21 Reihen übrig! Diese werden in die Export-Datenbank übertragen. Man kann weitere Durchläufe machen und in der Export-Datenbank anhängen. Wenn man fertig ist, kann man die Tippreihen aus der Export-Datenbank übertragen und in einer Text-, CSV- oder Excel-Datei speichern. Die so erstellten Dateien kann man in ein Lottoprogramm wie z.B. „Merlin" importieren und weiterverarbeiten.

Fazit: Der große Vorteil von Lotto-BTC ist das gezielte Auffinden von Tippreihen mit einer gewünschten Trefferbilanz. Einzigartig ist, dass man bei jeder der 13,9 Mio. Reihen sofort deren bisherige Trefferbilanz pro Rang sieht. Sowas gibt es sonst nirgends! Dank Lotto-BTC und den Datenbanken kann man Lotto nicht wie üblich mit Systemen, sondern ganz gezielt mit bisherigen Erfolgs-Tippreihen auf Trefferjagd gehen!

Für den Export ausgewählte Tippreihen mit Trefferbilanz

Interne Datenbank. Die angezeigten Tippreihen können exportiert werden

Export-Datenbank mit Trefferbilanz

	Z1	Z2	Z3	Z4	Z5	Z6	Kat	3er	4er	5er	6er
1	4	17	25	31	47	48	5	119	12	3	0
2	1	6	17	29	44	48	5	115	12	3	0
3	27	43	45	46	48	49	5	114	12	3	0
4	6	11	24	31	45	48	5	105	12	3	0
5	4	11	17	25	47	48	5	119	11	3	0
6	27	35	43	45	46	48	5	111	11	3	0
7	4	32	42	43	46	48	5	141	10	3	0
8	4	6	11	17	25	48	5	132	10	3	0
9	1	4	25	26	46	48	5	128	10	3	0
10	1	6	17	29	42	48	5	122	10	3	0
11	4	25	31	40	47	48	5	121	10	3	0
12	22	27	43	45	46	48	5	121	10	3	0
13	1	4	16	25	46	48	5	118	10	3	0
14	1	4	31	32	33	48	5	116	10	3	0
15	4	18	25	26	46	48	5	112	10	3	0
16	27	32	37	43	46	48	5	112	10	3	0
17	4	11	17	20	33	48	5	111	10	3	0
18	11	24	27	31	45	48	5	107	10	3	0
19	4	9	25	27	32	48	5	105	10	3	0
20	4	8	17	31	44	48	5	104	10	3	0
21	22	25	37	43	45	48	5	101	10	3	0

Lottosoftware „Merlin"

© Rolf Martin

Merlin ist eine professionelle Software für die Erstellung von Tipps für das deutsche, schweizerische und österreichische Lotto sowie für die Auswahlwette 6aus45. Trotz der umfangreichen und mächtigen Funktionen ist das Programm leicht zu bedienen. Das Programm richtet sich an anspruchsvolle Lottospieler, die damit ein cleveres Tipp-Management aufbauen können und so ihre Vorstellungen für eine Gewinn orientierte Tippgenerierung umsetzen können.

Die Funktionen von Merlin sind vielfältig und umfangreich. Kurz zusammengefasst:

- **Professionelle Software mit vielen Funktionen für Lotto und Auswahlwette**
- **Riesige Bibliotheken mit den weltbesten Kürzungssystemen für alle Garantiestufen**
- **Umfangreiche Analysen - wichtig für das Aufspüren idealer Filtereinstellungen**
- **Viele Filter & Zusatzfilter zum Entfernen ungewollter/unwahrscheinlicher Tippreihen**
- **Tippscheindruck, Gewinnauswertung, Ziehungsdaten-Download, Im-/Export, u.v.m.**

Als Basis für die Tipperstellung können in der höchsten Ausbaustufe bis zu 2.000 Garantie-Kürzungssysteme für alle Garantiestufen herangezogen werden, die versionsabhängig mit der Standard- und Profi-Systembibliothek mitgeliefert werden. Natürlich können auch alle Voll- und VEW-Systeme, Bankzahlen-, Eigen- und Diagonalsysteme sowie manuell per Tipp-Editor erfasste oder importierte Tipps herangezogen werden. Wer's mag, kann natürlich auch den Zufallsgenerator mit seinem Glück beauftragen.

Stolze 17 Standardfilter und 14 Zusatzfilter ermöglichen eine zielgenaue Veredelung der Tippreihen. Der Sinn von Filter ist, damit den Tippreihenumfang auf das gewünschte spielbare Maß zu verkleinern, indem unwahrscheinlich gehaltene oder unerwünschte Tippreihen eliminiert werden. Durch geschickt gesetzte Filter ist ein Spieler in der Lage, als Basis für seinen Tipp ein System mit sehr vielen Zahlen, einer hohen Garantie und vielen Tippreihen auszuwählen. Durch das Herausfiltern der als unwahrscheinlich betrachteten Tippreihen wird das System spielbar.

Filigran einstellbare Analyse-Möglichkeiten liefern vielerlei Informationen und helfen sowohl bei der Zahlenfindung als auch bei der Entscheidung, welche Filter man am besten mit welchen Werten einstellen sollte. Bei den Analysen kann man immer auch den auszuwertenden Ziehungszeitraum vorgeben. Das ist besonders wichtig zum Aufspüren aktueller Trends. So kann man, je nach Vorliebe, gezielt auf Rückständler oder auf Favoriten setzen. Alle Analysen werden in Diagrammen dargestellt.

Kürzungssysteme für alle Garantiestufen aus der Standard-Systembibliothek werden mitgeliefert: (S)mall bis 24, (M)edium bis 30 und (L)arge teilweise bis 36 Zahlen. Weitere Funktionen: 1/10-mm genauer Tippscheindruck, Gewinnzahlen, Quoten und neue Programmversionen aus dem Internet herunterladen. Detaillierte Gewinnkontrolle, auch rückwirkend, u.v.m.

In der Profi-Systembibliothek sind 1.231 der weltbesten Kürzungssysteme für alle zehn Garantiestufen für 7-49 Zahlen mit 0, 1 und 2 Bankzahlen enthalten! Gegenüber den Standardsystemen werden bei derselben Mindestgarantie teilweise gravierende Einsparungen erreicht, oft sind es 25-35 %! Das ist bares Geld, die Investition in diese Bibliothek amortisiert sich innerhalb kürzester Zeit allein durch die eingesparten Tippreihen! Bei der (XL)arge-Version ist sie im Lieferumfang enthalten.

Weitere Programmfunktionen (versionsabhängig): Tipplisten verbinden, doppelte Tipps entfernen, System aus Tipp erzeugen, Garantietabellen-Berechnung (auch für Bankzahlen-Systeme), Im- und Export von Systemen und Tipplisten. Download der wöchentlichen und historischen Gewinnzahlen und -quoten aus dem Internet, Tippscheindruck für alle 16 Bundesländer, Schweiz und Österreich. Gewinnauswertung der letzten Ziehung, über alle Ziehungen seit Beginn, mit fiktiven Gewinnzahlen. Individuell einstellbare Analysen mit vielen anschaulichen Diagrammen für die Zahlenfindung und Filtermaßnahmen. Zusatzfilter GK/RM/GU (Groß/Klein, Rand/Mitte, Gerade/Ungerade), Reihenvorgabe, Dekadensummen, Hot/Cold, Mod3, Filteranalyse, Quersummen-Sequenzer, Ziffernausschluss, Block 12, Zahlen blockieren, Nachbarzahlen, Ziehungspositionen, Endziffern-Vergleich, u.v.m.

Zahlen- und Systemauswahl

Die zu spielenden Lottozahlen können entweder von Merlin aufgrund verschiedener Wahlmöglichkeiten vorgeschlagen oder individuell ausgewählt werden. Rechts werden alle Systeme aufgelistet, die für diesen Zahlenbereich für die Tippreihenerstellung zur Verfügung stehen.

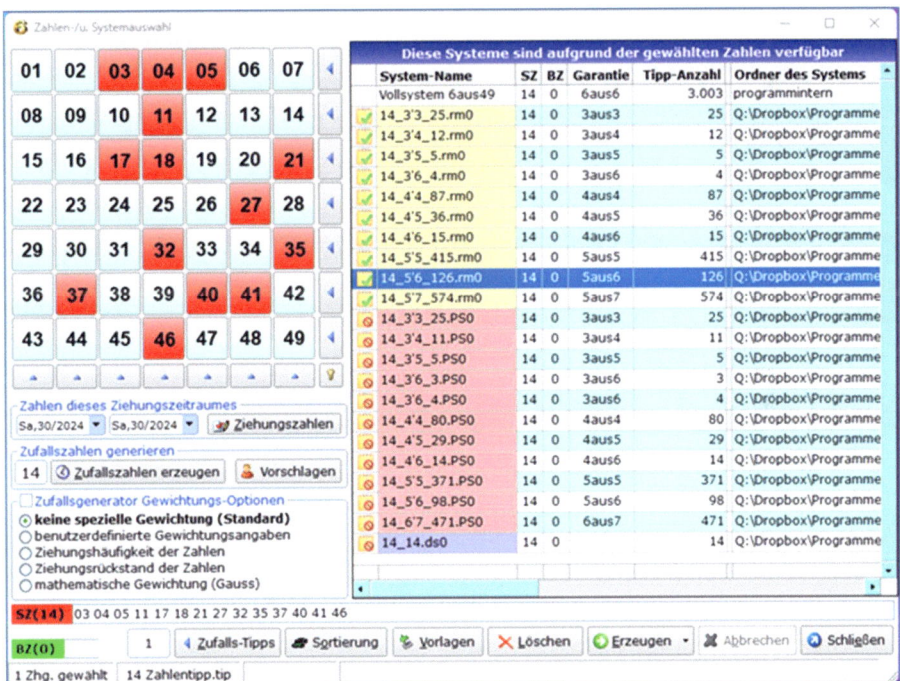

Abb.: Lottosoftware „*Merlin*" – Zahlen- und Systemauswahl – hier für 14 Zahlen

Kostenloser Service: Merlin-Käufer, die auch das Diagonalsystembuch für Lotto erworben haben, bekommen die Systeme aus dem Buch zum Einsatz in Merlin kostenlos zur Verfügung gestellt!

EuroMillions- und EuroJackpot-Software „EJack 2022"

„EJack" ist eine professionelle Software für die Erstellung von Tippreihen für EuroMillions und EuroJackpot. Es gibt verschiedene Versionen mit unterschiedlichen Leistungsmerkmalen.

Die Funktionen von EJack2022 sind vielfältig und umfangreich. Kurz zusammengefasst:

- Leistungsstarke Software für EuroJackpot, viele Funktionen, dennoch leicht zu bedienen
- Komplette Bibliothek mit den 1.350 weltbesten Systemen für alle Garantiestufen
- Detaillierte Analysen u. Diagramme - wichtig fürs Aufspüren idealer Filtereinstellungen
- Viele Filter zum Entfernen unwahrscheinlicher und ungewollter Tippreihen
- Tippscheindruck, Gewinnauswertung, Im- und Export, Download Ziehungsdaten, u.v.m.

Ein Handbuch wird nicht benötigt, weil EJack leicht zu bedienen ist und zudem alle Funktionen im Internet im Wettsysteme-Shop auf vielen Seiten ausführlich beschrieben sind. Dort kann man auch die aktuelle EJack-Version herunterladen und zwei Wochen lang ausgiebig testen.

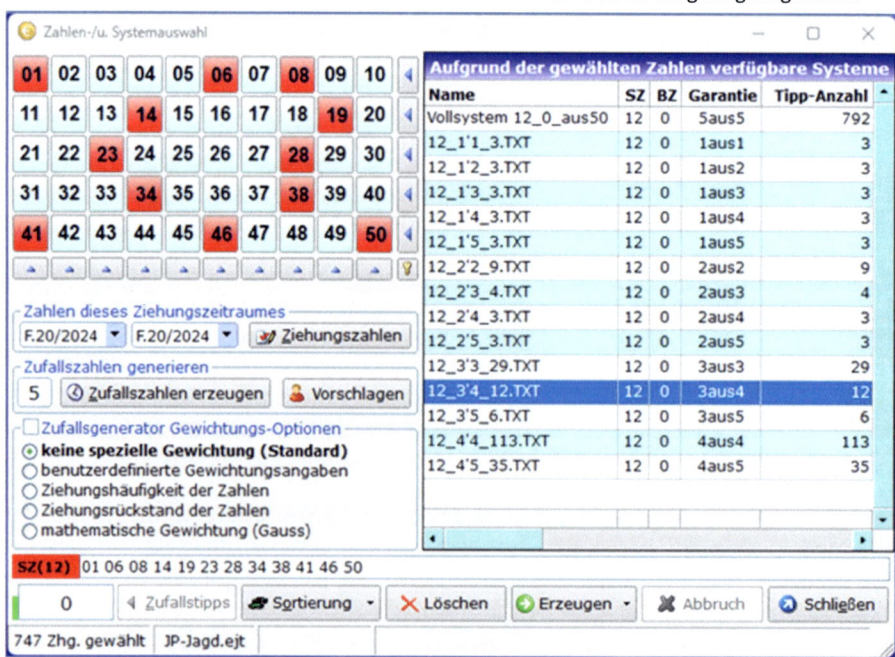

Abb.: In der Zahlentabelle (oben links) wurden 12 Systemzahlen ausgewählt (rot).
Alle zur Verfügung stehenden Systeme für 12 Zahlen werden aufgelistet

In EJack kann man auf viele Filter zurückgreifen, z.B. gerade/ungerade, hoch/tief, Dekaden, identische Abstände, Zahlensumme, ID-Nummern, Endziffern, Zahlengitter, Mehrlinge, Bandbreite, Primzahlen, u.a. Dadurch kann man zunächst ein sehr großes System auswählen und danach gezielt auf die Reihenzahl herunterfiltern, die man tatsächlich spielen möchte. EJack zeigt in einer Übersicht an, welche Tippreihen von welcher Filterung betroffen sind.

EJack2022 gibt es in drei Versionen mit aufsteigenden Leistungsmerkmalen

- **(S)**mall-Version - kein Tippscheindruck - 8 Filter - nur Vollsysteme
- **(M)**edium-Version - Tippscheindruck - 12 Filter - nur Vollsystem
- **(L)**arge-Version - Tippscheindruck, alle 15 Filter und alle 1.350 Systeme

Wöchentlich finden zwei Ziehungen im Eurojackpot statt. Die Gewinnzahlen und Gewinnquoten kann man im Programm über das Menü *"Ziehungen"* herunterladen. Dieser Service ist beim ersten Kauf einer EJack2022-Version für ein halbes Jahr im Preis inbegriffen. Danach kann es auf Wunsch um ein halbes oder ganzes Jahr gegen eine kleine Gebühr verlängert werden.

EJack2022 unverbindlich 15 Tage lang testen
Wer kauft schon gerne die Katze im Sack? Im Wettsysteme-Shop befindet sich ein Link und die Anleitung, wie man EJack2022 downloaden und installieren kann. EJack kann nun 15 Tage lang in einem etwas eingeschränkten Programmbetrieb getestet werden. Wenn Sie die Software bestellen, bekommen Sie Ihre persönlichen Freischaltdaten.

Übersicht über die Filtererfolge

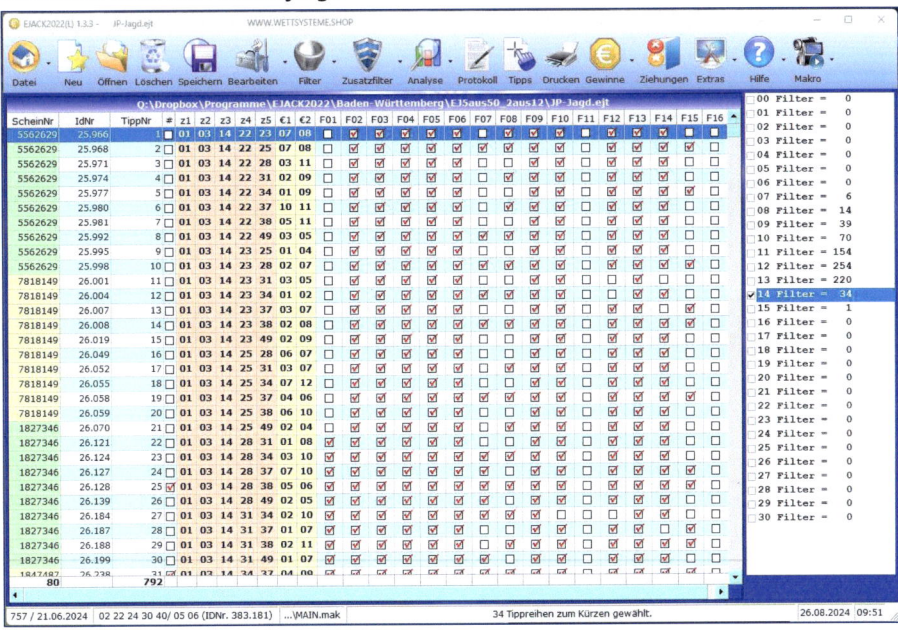

Abb.: Das Vollsystem für 12 Zahlen mit 792 Tippreihen wurde erzeugt. Dann wurden 14 der momentan 15 verfügbaren Filter angewandt. Es bleiben 34 Tippreihen übrig, die alle Filterungen überstanden haben.

Kurzübersicht EJack2022 - versionsabhängig

Funktionen	Filter	Analysen
• Zahlenauswahl • Garantie-Berechnung • Filter-Makro-Editor • Tipplisten verbinden • Tippextraktor • Mehrfach-Tipps löschen • Tipp-/System/-Editor • Spielschein.-Editor • Tipps aus Basis extrahieren • System aus Tipp erstellen • Tippscheindruck • Im- & Export (Textformat) • Download Ziehungsdaten	• hohe/tiefe Zahlen • hohe/tiefe Endzahlen • un-/gerade Zahlen • Anzahl Dekaden • identische Abstände • Zahlensumme • Identifikations-Nr. • Endziffernhäufung • Zahlengitter • Zwillinge, Drillinge, ... • Spalten-Zahlenhäufung • Bandbreite • Primzahlen u.a.	• Zahlen, Eurozhl., Quoten • Renner und Penner • Ziehungsverlauf • Zahlenfinder • Wochen, Mon., Quartale • Wahlzahlen im Tipp Für die Analysen können die Auswertungszeiträume beliebig eingestellt werden. Übersichtliche Anzeige in Balkendiagrammen. Die Erkenntnisse können auf die Einstellung der Filter angewandt werden.

In der (L)arge-Version gibt es 450 Systeme für 6 bis 50 Zahlen ohne Bankzahlen. Für das Spielen mit Bankzahlen stehen weitere 900 Systeme zur Verfügung. Beispiel: Wenn man das „2aus5"-Garantiesystem mit 50 Zahlen in **36** Tippreihen spielt, hat man hundertprozentig eine Reihe dabei, bei der mindestens 2 Zahlen richtig sind! Hier der Überblick über alle „2aus..."-Systeme:

Mindestgarantie Zweier									Mindestgarantie Zweier								
	„2aus2"		„2aus3"		„2aus4"		„2aus5"			„2aus2"		„2aus3"		„2aus4"		„2aus5"	
SZ	0 BZ	1 BZ	0 BZ	1 BZ	0 BZ	1 BZ	0 BZ	1 BZ	SZ	0 BZ	1 BZ	0 BZ	1 BZ	0 BZ	1 BZ	0 BZ	1 BZ
6	3	2	2	2	2	2	2	2	29	43	7	24	7	17	7	13	7
7	3	2	2	2	2	2	2	2	30	48	8	26	8	18	8	14	8
8	4	2	2	2	2	2	2	2	31	50	8	27	8	19	8	15	8
9	5	2	2	2	2	2	2	2	32	52	8	28	8	20	8	16	8
10	6	3	3	3	2	3	2	3	33	55	8	30	8	21	8	17	8
11	7	3	4	3	2	3	3	3	34	62	9	31	9	22	9	18	9
12	9	3	4	3	3	3	3	3	35	63	9	33	9	24	9	19	9
13	10	3	5	3	3	3	3	3	36	66	9	34	9	25	9	20	9
14	12	4	6	4	3	4	3	4	37	68	9	36	9	27	9	21	9
15	13	4	7	4	3	4	3	4	38	76	10	37	10	28	10	22	10
16	15	4	8	4	5	4	3	4	39	78	10	39	10	29	10	23	10
17	16	4	9	4	5	4	4	4	40	82	10	40	10	31	10	24	10
18	18	5	10	5	6	5	4	5	41	82	10	42	10	32	10	25	10
19	19	5	11	5	7	5	4	5	42	93	11	42	11	34	11	26	11
20	21	5	12	5	8	5	4	5	43	95	11	48	11	35	11	27	11
21	21	5	13	5	9	5	5	5	44	99	11	49	11	37	11	27	11
22	27	6	14	6	10	6	6	6	45	99	11	51	11	38	11	29	11
23	28	6	16	6	11	6	7	6	46	111	12	51	12	39	12	30	12
24	30	6	17	6	12	6	8	6	47	113	12	57	12	41	12	31	12
25	30	6	18	6	13	6	9	6	48	117	12	58	12	42	12	33	12
26	37	7	20	7	14	7	10	7	49	124	12	60	12	44	12	34	12
27	38	7	21	7	15	7	11	7	50	130	13	60	13	45	13	36	13
28	40	7	23	7	16	7	12	7									

Abb.: Die Zahlen in den Tabellen sind die Anzahl der Tippreihen, die die EJack-Systeme für die Garantien „2aus2", „2aus3", „2aus4" und „2aus5" benötigen

Kostenloser Service: EJack-Käufer, die das Diagonalsystembuch erworben haben, bekommen alle Systeme aus dem Buch in Dateiform zum Einsatz in EJack kostenlos zur Verfügung gestellt!

Kurzporträt von Rolf Speidel

Das Hobby zum Beruf gemacht

Schon manch meiner Kunden, Freunde und Bekannte hat mich gefragt, wie es bei mir dazu kam, einen derartigen Spezialverlag im Wettbereich zu gründen und davon leben zu können?

Geboren und aufgewachsen bin ich in Balingen auf der schwäbischen Alb. Eine Begeisterung für Spiele und Wetten hatte ich schon als Kind. Im zarten Alter von elf Jahren konnte ich schon richtig gut Skat spielen. In meiner Zeit als Jugendlicher war hingegen Poker und „17 und 4" angesagt. Dennoch war es Zufall, dass ich ausgerechnet in einer Toto-/Lotto-Annahmestelle in Albstadt-Ebingen eine Ausbildungsstelle bekam.

**Rolf Speidel
Jahrgang 1959**

Dort wurde ich schnell mit allen staatlichen Glücksspielen vertraut. Bereits als Lehrling leitete ich selbstständig den Vertrieb der Lose für die Süddeutsche Klassenlotterie. Wie Lottosysteme funktionierten, war mir schnell klar, auch mit der etwas schwierigen Blockwette in der Fußball-Elferwette war ich gut vertraut. Damals hatten noch das Rennquintett und Toto einen großen Stellenwert.

Während der Ausbildung sammelte ich die wöchentlich von der Lottogesellschaft herausgegebenen Tippvorschauen. Aufgrund eines guten Kontakts zu einer Archivarin in der Staatlichen Toto-Lotto GmbH in Stuttgart gelang es mir einige Jahre später, alle mir noch fehlenden Ausgaben bis zurück zum Beginn des Lottos 1955 in meinen Besitz zu bekommen.

Kaum war ich 21 Jahre alt geworden und durfte endlich in die Spielbanken gehen, kündigte ich 1980 meinen Job, um Berufsspieler in den Casinos zu werden. Während dieser Zeit verschlug es mich sogar bis nach Las Vegas. Nach sehr erfolgreichem Beginn scheiterte ich jedoch nach wenigen Monaten aufgrund der verloren gegangenen, aber so wichtigen Selbstdisziplin beim Setzen. Auch mit dem Hintergedanken, Setz- und Spieltechniken für Roulette und Black Jack mit den damals frisch auf den Markt gekommenen PCs simulieren und berechnen zu können, begann ich 1981 in München eine Umschulung zum Programmierer. Meine anschließend programmierten Simulationen machte ich mit einem der ersten PCs in Deutschland, einem Tandy Radio Shack TRS 80. Die Ergebnisse aus vielen Simulationen mit Roulette-Permanenzen waren zwar sehr aufschlussreich, aber auch ernüchternd. Der positive Nebeneffekt war allerdings, dass ich dadurch meine Programmierkenntnisse stark weiterentwickeln konnte.

So zog ich mich erst einmal aus dem Glücksspielbereich zurück und arbeitete von 1982 bis 1985 in einem Rechenzentrum in Ravensburg im Bereich Lohn und Gehalt. 1985 machte ich mich als Programmierer selbstständig und entwickelte fortan Software für die unterschiedlichsten Branchen.

Erst irgendwann Ende der 80er-Jahre interessierte ich mich wieder fürs Wetten. Ich wollte alle bisherigen Lottoziehungen auswerten, um zu sehen, ob sich da irgendetwas herausfinden lässt. Überraschenderweise konnte ich jedoch nirgendwo die Lottozahlen in Dateiform herbekommen. So war ich gezwungen, diese manuell zu erfassen, ich besaß ja alle wöchentlichen Informationsschriften der Lottogesellschaft. Die Erkenntnisse aufgrund der Auswertungen der Lottozahlen waren zwar interessant, aber mehr auch nicht.

So hoffte ich, dass der ganze Aufwand des Erfassens nicht umsonst war und evtl. andere Programmierer Interesse an meinen Daten hätten. Deshalb schaltete ich im Frühjahr 1990 im Computer-Fachmagazin *„CHIP"* eine Kleinanzeige mit dem Text *„Alle Lottozahlen auf Diskette im ASCII-Format"*. Mit überraschend gutem Erfolg! Das war im Nachhinein betrachtet die Geburtsstunde für den Verlag Rolf Speidel, denn die Käufer wollten noch weitere Daten von mir haben. So erfasste ich monatelang alle relevanten Daten, wie z.B. die gezogene Reihenfolge, die Gewinnquoten und Anzahl Gewinner pro Rang, Spieleinsätze, Ziehungsorte, Jackpot-Summen, usw. Anfang der 1990er-Jahre baute ich die damals wohl eine der größten umfassenden Datenbanken für Samstaglotto, Mittwochslotto, Auswahlwette und Elferwette auf.

In der Auswahl- und Elferwette umfassten die Toto-Datenbanken zudem alle Spielpaarungen mit amtlicher Tendenz, Expertentipps, Spieldauer, Torergebnis und Toto-Kennziffer. Und die Abnehmerzahl wurde immer größer. Darunter waren auch viele Lottoprogramm-Hersteller und sogar die Staatliche Lottogesellschaft selbst! Dass die Staatliche Toto-Lotto GmbH Baden-Württemberg Anfragen interessierter Lottospieler an mich weiterleitete, machte mich damals schon ein wenig stolz!

Aufgrund von Käuferwünschen entstanden die ersten Druckwerke mit der Dokumentation aller bisherigen Lottoziehungen in Buchform, in der Jahresweise alle Ziehungen mit Gewinnzahlen, Quoten und Häufigkeitsstatistik dargestellt waren. Weitere Statistiken über alle Dreier-, Vierer- und Fünferkombinationen und TOP-Reihen-Statistiken (erfolgreichste Reihen pro Rang) folgten.

Ab 1994 erfolgte der Verkauf spezieller Lotto- und Totosoftware, damals noch für das Betriebssystem DOS. Es handelte sich um die Lotto-Programme *"Tipp-Verwalter"*, *"Lotto-Champion"*, *"Lottoprofi"*, *"SysGen"*, *"TopSys"* und natürlich *"Goldfinger"*. Seit dem Zeitalter von Windows vertreibe ich exklusiv das Lotto- und Auswahlwette-Programm *"Merlin"*, für Eurojackpot und EuroMillions *"EJack 2022"* und für Keno *"KenoMax"* vom PC-Service Rolf Martin aus Balingen. Den *„HOT-Zahlenfinder"* und *„Lotto-BTC"* habe ich 2022 bzw. 2024 entwickelt. Für die Elferwette vertrieb ich früher *"Uniprogram"*, *"Quotenjäger"*, *"Dr. Toto"*, *"TotoVEW"*, *"Goalgetter"* und *"Archimedes"*. Seit es die Dreizehnerwette gibt, vertreibe ich nur noch *„TotoMax"*, seit 2014 in der Version *"TotoMaxIII"*.

Ebenfalls ab dem Jahr 1994 erfolgte der Vertrieb von Systembüchern für Lotto und Toto für die unterschiedlichsten Spielstrategien. Aufgrund meiner Anzeigen wurde Wolfgang Teschner auf mich aufmerksam und sprach mich an, er könne Systeme entwickeln und deren Garantieverhältnisse exakt berechnen. Und nicht nur das! Wie sich schnell zeigte, konnte er die ganze Thematik auch noch gut beschreiben und übersichtlich darstellen! Es entstand eine sehr erfolgreiche, bis heute andauernde Partnerschaft mit dem von ihm gegründeten System-Verlag, dessen komplettes Buchsortiment ich vertreibe. Im Laufe der Jahre habe ich selbst ein paar Bücher geschrieben, für die Elferwette *„9D99 - 9 Dreiwege in 99 Tippreihen"* sowie *„Tippbildsysteme mit 6-3-2"*, für Lotto den *„Sechser-Jäger"*, *„HOT 18"*, die *„Lotto-Formel 49/49"*, *„Lotto-Formel 49/80"*, *„49/163/6 – Das Weltrekordsystem"*, *„Die besten Lottosysteme mit 36 Zahlen"*, *„Die besten Diagonalsysteme für Lotto und Keno"* und *„Die besten Diagonal-Systeme für EuroMillions und EuroJackpot"*.

Es ist schon etwas Wahres an der Weisheit dran: *„Wenn das Hobby zum Beruf wird, bleibt das Hobby auf der Strecke"*! Deshalb sind Spielbanken für mich schon lange kein Thema mehr. Privat spiele ich vor allem im Fußballtoto. Dank einiger vier- und fünfstelliger Treffer bin ich im Überschuss - so macht Tippen richtig Spaß!

Von 2016 bis 2021 betrieb ich Tippgemeinschaften für die Dreizehnerwette. Wir waren sehr erfolgreich und hatten in dieser Zeit drei Dreizehner und etliche Dutzend Zwölfer. Im August 2020 trafen wir als alleiniger Gewinner den sechsstelligen Jackpot! Es war der höchste Tototreffer in diesem Jahr in Baden-Württemberg. Über den Gewinn wurde auch in der Presse berichtet, u.a. in der Ausgabe 38/2020 des *„glüXmagazin"*, dem wöchentlichen Kundenmagazin der Staatlichen Toto-Lotto GmbH von Baden-Württemberg. Zum Leidwesen aller Mitspieler musste ich den TG-Betrieb Anfang 2021 einstellen. Die Anforderungen für die Aufnahme in die *„White-list"* für Anbieter im Glücksspielbereich sind für mich als Einzelunternehmer eine zu hohe Hürde. Das war echt schade, denn wir waren sehr gut unterwegs und lagen dank unserer überdurchschnittlichen Rückläufe vor allem im letzten Jahr deutlich im Überschuss!

Abschließend möchte ich bemerken, dass ich als meinen größten Gewinn das inzwischen sehr lange Überleben meiner unheilbaren Krebserkrankung bei bisher guter Verfassung betrachte! Zum Zeitpunkt der Drucklegung waren das bereits unglaubliche 26 Jahre! Dabei gab es einige Ereignisse, die sich im Nachhinein betrachtet als lebensrettend herausstellten. Ich fühle mich deswegen als absoluten Glückspilz! Geholfen hat mir, dass ich immer offen mit meiner Erkrankung umging. Mein Lebensretter Nr. 1 ist Prof. Dr. Henning Dralle, der mich dreimal operierte. Großen Anteil an der Meisterung meines Schicksals hat auch meine Ex-Frau Petra: Sie hatte mich trotz der 1998 bei mir entdeckten Erkrankung an einem seltenen, aber glücklicherweise langsam wachsenden sporadischen, medullären Schilddrüsenkarzinom (*„MTC"* bzw. *„C-Zell-Karzinom"*) und völlig ungewisser Zukunft geheiratet! Auch wenn wir nicht mehr zusammen sind, das war für mich bisher die schönste Zeit in meinem Leben! Ich werde ihr immer dankbar sein, weil ich durch sie eine große mentale Stärke aufbauen konnte. Die Wissenschaft sagt, dass das psychische Befinden in engem Zusammenhang mit der physischen Gesundheit steht. Ich denke schon, dass das bei mir auch zutrifft. Generell halte ich eine starke und positive Psyche für sehr wichtig!

Durch die Konfrontation mit so einer Erkrankung besinnt man sich auf die wahren Werte im Leben. Seither ist mir bewusst: *„Materieller Erfolg ist zwar schön, aber es gibt Wichtigeres"*!

Mein erster Computer 1981: Tandy *„TRS 80"* mit Kassetten-Laufwerk zur Datenspeicherung, 4 KB ROM (enthielt das Betriebssystem), 4 KB RAM (Hauptspeicher). Mein erster Drucker war ein EPSON FX-80 9-Nadel-Matrixdrucker.

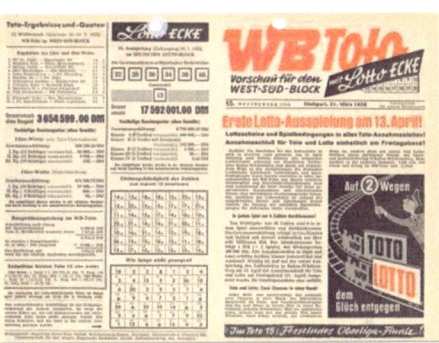

Ein wichtiger Grundstein für den heutigen Verlag war der Besitz aller Toto/Lotto-Vorschauen aus Baden-Württemberg seit dem Jahr 1955. Die *„WB-Toto-Vorschau"* war der Vorgänger des *„glüXmagazin"*. In der Ausgabe 15/1958 wird verkündet, dass jetzt auch die Baden-Württemberger Lotto spielen können.

Upgrade-Angebot für den Erwerb der Komplettausgabe

Es gibt viele Spieler, die gerne noch größere Zahlenbereiche als 32 Zahlen spielen wollen. Für diese Spieler bietet es sich an, sich die Komplettausgabe mit allen Diagonalsystemen bis 50 Zahlen zu besorgen. Das Buch hat den Titel

**„Die besten Diagonal-Systeme für EuroMillions und EuroJackpot"
Mit Minimal-Einsätzen 6 bis 50 Zahlen optimal abdecken!**

und ist **nicht** im allgemeinen Buchhandel erhältlich. Das Werk ist im DIN A4-Format mit der lesefreundlichen Spiralbindung erhältlich. Es kostet 50 Euro - Stand 2024. Der Inhalt ist exakt derselbe wie im Taschenbuch, jedoch um ca. 50 Seiten erweitert und enthält die Diagonalsysteme für 33 bis 50 Zahlen incl. Garantieberechnungen.

Beim Erwerb des Taschenbuches konnte der Buchkäufer nicht wissen, dass es dieses Komplettwerk gibt. Damit die Investition in das Taschenbuch nicht umsonst war, gibt es folgende Möglichkeiten für ein vergünstigtes Upgrade:

a) Das Taschenbuch ist vollkommen unbeschädigt und es wurde nichts hineingeschrieben, so dass es weiterverkauft werden kann. In diesem Fall senden Sie uns das Buch zu. Bitte frankiert zusenden, nicht unfrei! Da Ihnen hierbei Portokosten entstehen, rechnen wir Ihnen diese pauschal mit 5,50 Euro an. Sie müssen in diesem Fall also nur noch 25 Euro Aufpreis bezahlen und erhalten umgehend das Komplettwerk zugesandt.

b) Das Buch ist beschädigt oder es wurde etwas hineingeschrieben. Das Buch lässt sich dadurch nicht weiterverkaufen. In diesem Fall trennen Sie bitte die einfach die vordere Umschlagseite des Buches ab und senden uns nur diese zu. Der Aufpreis auf das Komplettwerk beträgt hier kulanterweise nur 30 Euro.

c) Sie möchten das Taschenbuch behalten und senden nichts zurück. Der Aufpreis auf das Komplettwerk beträgt hier kulanterweise nur 35 Euro. Scannen oder fotografieren Sie die Rechnung des Buchkaufs oder das Buchcover. Den Scan oder das Foto senden uns einfach per E-Mai, per WhatsApp, Signal oder SMS. Das genügt uns als Nachweis für Ihre Upgrade-Berechtigung.

Die Zeit vergeht schließlich. Bevor Sie dieses Upgrade-Angebot wahrnehmen, egal in welcher Variante, vergewissern Sie sich, dass geliefert werden kann bzw. ob die Preise noch gelten! Am besten schreiben einfach eine kurze Mail oder rufen an. Der Kauf kann auf zwei Arten abgewickelt werden:

- Falls Sie bei der Zusendung des Buches a) oder des Covers b) den jeweiligen Aufpreis per beigelegtem Bargeld bezahlen wollten, empfiehlt sich die Zusendung per Einwurf-Einschreiben. Bitte die Adresse mitteilen, wohin das Komplettwerk gesandt werden soll!

- ONLINE-Abwicklung: Nach dem Erhalt des Buches, des Covers oder des Kaufnachweises erhalten Sie eine Mail mit einem Gutscheincode, der extra für Sie und diesen Upgrade-Vorgang erstellt wird. Sie bestellen daraufhin im Wettsysteme-Shop das Komplettwerk und geben im Warenkorb Ihren Gutscheincode ein, so dass Ihr Rechnungsbetrag reduziert wird.

Hinweis für Newsletter-Bezieher

Wenn Sie Bezieher meines Newsletters sind, können Sie auf all Ihre Einkäufe 5 % Preisnachlass bekommen. Dazu geben Sie einfach bei Ihrer Bestellung im Wettsysteme-Shop einen speziellen Gutscheincode ein. Der Gutscheincode wird im Newsletter veröffentlicht und gilt bis zum Erscheinen des nächsten Newsletters. In den letzten Jahren erscheinen nur ca. fünf Newsletter pro Jahr und nur dann, wenn es wirklich Neuigkeiten gab.

Mein Rat: Falls Sie meinen Newsletter noch nicht beziehen, *„Melden Sie sich an"*! Manchmal gibt es auch Aktionen mit sehr höheren, noch attraktiven Preisvorteilen, über die ich nur im Newsletter berichte, nirgendwo sonst, das lohnt sich!

Zum Zeitpunkt der Drucklegung im Jahr 2024 sind meine Kontaktdaten wie folgt:

Verlag Rolf Speidel, Fachverlag für Wettsysteme, Schafbergstr. 12, D-72336 Balingen
Tel. +49-1577-2038406, E-Mail: rs@wettsysteme.shop, Internet: www.wettsysteme.shop
Bankverbindung: N26-Bank, IBAN: DE58 1001 1001 2625 9603 63, BIC: NTSBDEB1XXX
PayPal: rs@wettsysteme.de

Spielen mit Verantwortung

Bei aller Faszination für Lotto, Sportwetten oder Keno weisen wir darauf hin, dass es auch Risiken gibt. Es ist bekannt, dass es Menschen gibt, für die das Spielen um Geld zu einem ernsten Problem werden kann. Übertreibung und exzessives Spiel können zur Abhängigkeit führen. Probleme können sich ergeben, wenn die Spielausgaben höher ausfallen, als man üblicherweise für Freizeitspaß ausgibt und der Familienunterhalt wegen des Spiels gefährdet wird - also, wenn man *"über seine Verhältnisse"* spielt. Daher unser Rat: Sich den Spaß am Spiel erhalten, es aber nicht zu ernst nehmen und sich davor hüten, mit aller Macht Geld gewinnen zu wollen. Informationsbroschüren zur Spielsucht gibt es in den Annahmestellen. Diese empfehlen folgende

Regeln für verantwortliches Spielen

- Spielen Sie nicht mit dem Vorsatz gewinnen zu müssen!
- Legen Sie Ihr monatliches Spielkapital vorab fest!
- Erhöhen Sie nicht nachträglich den von Ihnen vorab festgesetzten Maximalbetrag!
- Legen Sie im Voraus fest, wie hoch Ihr Spielverlust sein darf!
- Spielen Sie nie unter Einfluss von Alkohol oder Medikamenten!
- Spielen Sie nicht in einer depressiven Stimmung!
- Spielen Sie nur, wenn Sie ausgeruht oder konzentriert sind!

Machen Sie einen Selbsttest, ob Sie spielsuchtgefährdet sind!

Anhaltspunkte für eine Abhängigkeit vom Glücksspiel können z.B. folgende Verhaltensweisen sein. Beantworten Sie diese Fragen ehrlich:

- Verspielen Sie dauerhaft mehr Geld als geplant?
- Schaffen Sie es nicht, das Glücksspiel über einen längeren Zeitraum einzustellen, obwohl Sie es sich ausdrücklich vorgenommen haben?
- Empfinden Sie das Bedürfnis, Verluste schnellstmöglich wieder zurückzugewinnen?
- Setzen Sie Gewinne sofort wieder ein, um noch mehr zu gewinnen?
- Leihen Sie sich Geld, um zu spielen - oder verspielen Sie Geld, das Ihnen nicht gehört?
- Haben Sie nach dem Spielen ein schlechtes Gewissen?
- Verheimlichen Sie Ihren Angehörigen und Freunden das tatsächliche Ausmaß Ihrer Spieleinsätze bzw. Verluste oder das Spielen überhaupt?
- Vernachlässigen Sie wegen des Spiels Ihre sozialen Kontakte?
- Wurden Sie bereits von anderen wegen Ihres Glücksspielverhaltens kritisiert?
- Leidet Ihre Arbeitszeit, Ihre Ausbildung oder Ihr Studium unter dem Glücksspiel?
- Beschäftigen Sie sich gedanklich intensiv mit dem Glücksspiel und werden schnell unruhig, wenn Sie keine Gelegenheit zum Spielen haben?
- Erkennen Sie, dass Sie sich selbst und anderen Schaden zufügen und spielen trotzdem?

Je mehr dieser Fragen Sie mit *„ja"* beantworten, desto eher sollten Sie eine Beratungseinrichtung aufsuchen, um sich fachkundige Hilfe zu holen. Hier bekommen Sie nähere Informationen:

Für Deutschland
www.spielsucht.net
www.anonyme-spieler.org
www.gluecksspielsucht.de
www.spielsucht-therapie.de

www.die-spielsucht.de
www.spielsucht-forum.de
www.verspiel-nicht-dein-leben.de
www.spielen-mit-verantwortung.de

Für die Schweiz
www.careplay.ch

Für Österreich
www.spielsuchthilfe.at

Beratung bietet die Bundeszentrale für gesundheitliche Aufklärung ☎ 0800 137 27 00. Die Teilnahme von Personen unter 18 Jahren an Lotterien und Sportwetten ist gesetzlich verboten! Die Wahrscheinlichkeit auf den Jackpot liegt bei EuroMillions, EuroJackpot und Lotto mit Superzahl jeweils bei 1 zu 139 Millionen. Details bei www.lotto.de